Lifting the Curtain

Iris Meder
Azra Charbonnier
Suzanne Kříženecký
Gabriele Ruff
(Hg.)

LIFTING the CURTAIN

Architekturnetzwerke in Mitteleuropa

Central European Architectural Networks

Inhalt / Contents

Inhalt / Contents

Inhalt / Contents

Inhalt / Contents

Vorwort

Die 2014 im Rahmen der Architekturbiennale in Venedig als Kollateral-Event gezeigte und dort im Schnitt von täglich rund 100 Biennale-Gästen besuchte Ausstellung *Lifting the Curtain* ist eine gemeinsame Initiative von sechs Institutionen aus Polen, Ungarn, Tschechien, Kroatien und Österreich. Als Wanderausstellung konzipiert, ist sie 2015, im Jubiläumsjahr der ÖGFA, als erste Station nach der Biennale in Wien zu sehen.

Am Beginn des vom Architekturnetzwerk TRACE initiierten und von der Polish Modern Art Foundation (PMAF) organisierten Forschungsprojektes sollte eine Ausstellung stehen. Das konnte nur gelingen mit Kuratoren, die bereits seit längerem zum Thema mitteleuropäischer Architekturnetzwerke forschten. Dass wir die Ausstellung im Juni 2014 mit großem Erfolg in Venedig eröffnen konnten, ist selbst ein Ergebnis jenes mitteleuropäischen Netzwerkens, um das es im Projekt geht.
Die Herkunft der inhaltlich unmittelbar Beteiligten aus rund zehn Ländern repräsentiert selbst schon die internationale Vernetzung und macht deutlich, dass die Kultur Mitteleuropas ohne Migration nicht die wäre, die sie ist – so zeichnen die meisten Beteiligten innerhalb des Projektes nicht für das Land ihrer Herkunft verantwortlich, sondern für jenes, in dem sie heute leben und arbeiten.

Als das Ausstellungs- und Forschungsprojekt an die ÖGFA herangetragen wurde, fand es schon aufgrund ihrer eigenen Geschichte das Interesse der ÖGFA:
Es widmet sich schwerpunktmäßig der auch durch Technologie- und Wissenstransfer ermöglichten

Preface

Lifting the Curtain was shown in 2014 as collateral event of the Venice Architecture Biennale. On average about 100 persons visited the exhibition – a joint initiative of six institutions based in Poland, Hungary, Czech Republic, Croatia and Austria – each day. Vienna is the first stop after Venice, and the exhibition run coincides with ÖGFA's fiftieth anniversary.

This exhibition launches a research project initiated by TRACE, an architecture network, and organized by the Polish Modern Art Foundation (PMAF). This goal could only be achieved by involving curators who had already spent a considerable amount of time researching Central European architecture networks. That we were able to present the exhibition in June 2014 with great success in Venice is itself the fruit of the very sort of Central European networking that the project examines. The persons involved hail from ca. ten countries – that in itself an indication of international interconnectedness. Most of the participants in the project were not representing the countries in which they were born and reared, but rather the respective countries in which they presently live and work: a reminder that Central European culture is also indebted to migration.

In February 2014 ÖGFA was invited to participate in the exhibition and research project, which address the penetrability of the Iron Curtain, made possible in part through the transfer of technology and knowledge. Our interest in *Lifting the Curtain* is rooted in the ÖGFA's history. One of the case studies presented in

Durchlässigkeit des "Eisernen Vorhangs". Auch die ÖGFA selbst ist, mit ihren Gründungsmitgliedern von der Arbeitsgruppe 4, Friedrich Kurrent und Johannes Spalt, eines der präsentierten Fallbeispiele: Sie war nicht nur zentrale Protagonistin der Wiederentdeckung der vertriebenen Vorkriegsmoderne um Adolf Loos und Josef Frank, sondern trug mit ihren engen Kontakten in die Tschechoslowakei, Bulgarien und die Sowjetunion in den 1960er Jahren auch aktiv zur Überwindung politischer Grenzen im Kalten Krieg bei.

Die ÖGFA stieß als letzter Projektpartner zum Vorhaben, dessen inhaltliche Ausrichtung klar, dessen Umsetzung im Rahmen einer Ausstellung aber noch zu konzipieren war. Es folgten Arbeitstreffen in Budapest, Prag, Wien und Warschau, wo im stalinistischen Kulturpalast auch die internationale Pressekonferenz stattfand. Die Kommunikation innerhalb des Kuratierungsteams wechselte immer wieder von Englisch zu Tschechisch, Serbisch, Kroatisch, Polnisch, Französisch oder Deutsch. In engster Zusammenarbeit mit der Kuratierung entstanden auch die kongeniale Ausstellungsarchitektur, die Małgorzata Kuciewicz, Monika Konrad und Simone de Iacobis in kürzester Zeit entwickelten, und die Ausstellungsgrafik von Jakub Jezierski, der auch diesen Katalog gestaltet hat.

Ebenso glücklich war die Wahl des Ausstellungortes, der Sala Tiziano des Centro Culturale Don Orione Artigianelli der Officina delle Zattere. Über den Sommer diente der begrünte Kreuzgang neben dem Ausstellungsraum Besuchern und Besucherinnen als Ort des Ausruhens, Picknickens, der Gespräche und des Austauschs. Jeder Besucher, jede Besucherin wurde so selbst Teil eines Netzwerkes. Zentral für Qualität und Erfolg der Ausstellung war, neben der Unterstützung durch Piotr Nowicki,

the exhibition stems from a firm closely associated with the organization: Arbeitsgruppe 4. Two of its founding members, Friedrich Kurrent and Johannes Spalt, not only played a pivotal role in the rediscovery of the "expelled" pre-war modernism that had been shaped by Adolf Loos and Josef Frank, but thanks to their close ties to figures in Czechoslovakia, Bulgaria and the Soviet Union in the 1960s, were also active in breaching the Cold War's political borders.

ÖGFA was the last partner to join the endeavor: the conceptual focus had been determined, but had yet to be elaborated upon within the framework of an exhibition. Workshops were held in Budapest, Prague, Vienna and Warsaw. The international press conference took place in Warsaw, at the Stalinist *Palace of Culture and Science*. The communication among the members of the curatorial team alternated between English, Czech, Serbian, Croatian, Polish, French and German. The congenial exhibition architecture, which Małgorzata Kuciewicz, Monika Konrad and Simone de Iacobis developed in a very short time, was prepared in close cooperation with the curators. The same is true of the exhibition's graphic design, by Jakub Jezierski; he is also responsible for the design of this catalogue.

The choice of Officina delle Zattere's Sala Tiziano, on the grounds of the Centro Culturale Don Orione Artigianelli, as exhibition venue was every bit as felicitous. During the summer the cloistered courtyard adjacent to the exhibition space provided visitors a place to take a rest, have a picnic and carry on conversations. Through this interaction every visitor to the exhibition also became a part of the network. In the end, next to the support from Piotr Nowicki, President of the Polish Modern Art Foundation, a spirit of cooperation bolstered

den Präsidenten der Polish Modern Art Foundation, letztlich die fruchtbare, effiziente und immer von Freude und Begeisterung für das Projekt geprägte Zusammenarbeit zwischen den Kuratoren Sarmen Beglarian (Polish Modern Art Foundation, Warschau), Piotr Bujas (TRACE), Igor Kovačević und Yvette Vašourková (CCEA, Prag), Maroje Mrduljaš (Platforma 9,81, Split/Zagreb), Samu Szemerey (KÉK, Budapest) und mir, Iris Meder (ÖGFA, Wien). Dass wir die Ausstellung nun in Wien zeigen können, wäre nicht möglich gewesen ohne das Engagement und die wertvolle inhaltliche und organisatorische Mitarbeit von Gabriele Ruff, Suzanne Křížený und Azra Charbonnier, denen mein innigster Dank gilt. Ebenso möchten wir unseren Dank aussprechen an die Besitzer unseres Ausstellungsortes FRANZ JOSEFS KAI 3, insbesondere Franziska Hausmaninger für die großzügige Unterstützung dieses Kataloges, und das Angewandte Innovation Lab (AIL) der Universität für angewandte Kunst (Alexandra Graupner) dafür, dass sie der Ausstellung Raum gegeben haben, außerdem an das Bundeskanzleramt Österreich / Kunstsektion, das Österreichische Bundesministerium für Europa, Integration und Äußeres und die Kulturabteilung der Stadt Wien, Wissenschafts- und Forschungsförderung, für die Förderung der Katalogproduktion.

Iris Meder für das Wiener Ausstellungs- und Herausgeberinnenteam, mit Azra Charbonnier, Suzanne Křížený und Gabriele Ruff

the curators' fruitful, efficient and continued enthusiasm for the project: Sarmen Beglarian (Polish Modern Art Foundation, Warsaw), Piotr Bujas (TRACE, Warsaw), Igor Kovačević and Yvette Vašourková (CCEA, Prague), Maroje Mrduljaš (Platforma 9,81, Split/Zagreb), Samu Szemerey (KÉK, Budapest) and myself, Iris Meder (ÖGFA, Vienna). My sincere thanks go to Gabriele Ruff, Suzanne Křížanecký and Azra Charbonnier, without whose commitment and valuable input the exhibition in Vienna would not have been possible. We would also like to express our thanks to the owners of our exhibition venue, FRANZ JOSEFS KAI 3, in particular to Franziska Hausmaninger, who generously supported this catalogue; to the Angewandte Innovation Lab (AIL) of the Universität für angewandte Kunst (Alexandra Graupner) for making space available for the exhibition. This publication received funding from the Arts Division of the Austrian Federal Chancellery, the Austrian Federal Ministry for Europe, Integration and Foreign Affairs and the Department of Cultural Affairs of the City of Vienna – Research Grants.

Iris Meder on behalf of the Vienna exhibition and editorial team
Azra Charbonnier, Suzanne Křížanecký, Gabriele Ruff

Ausstellungseröffnung im Rahmen der Architekturbiennale Venedig am 6. Juni 2014, von links / Exhibition opening at the Venice Architecture Biennale, June 6th, 2014, from left: Sarmen Beglarian (PMAF), Igor Kovačević (CCEA), Iris Meder (ÖGFA), Piotr Nowicki (PMAF), Zofia Borysiewicz (PMAF), Samu Szemerey (KÉK), Piotr Bujas (TRACE), Maroje Mrduljaš (Platforma 9,81).
[Foto: Maja Wirkus]

LIFTING
the
CURTAIN
Central European
Architectural Networks

Einleitung

Lifting the Curtain untersucht die Rolle der mitteleuropäischen Architektur im vergangenen Jahrhundert, indem es neue Zusammenhänge aufzeigt und bestehende Sichtweisen überprüft und erweitert – vom Ende des Ersten Weltkrieges bis zu den Wandlungen der Nachkriegszeit und ihren Auswirkungen in der postsozialistischen Zeit. Bis heute sind die lebendige Baukultur und die intensive transnationale Zusammenarbeit in Mitteleuropa sowohl im "westlichen" als auch in den lokalen Architekturdiskursen kaum präsent. Obwohl die entscheidenden Geschehnisse der Moderne oft Ergebnisse des Überschreitens von staatlichen, fachlichen oder institutionellen Grenzen waren, passen sie selten in die herkömmlichen Narrative einer universellen Moderne, ihrer nationalen Varianten und Peripherien.

Nach dem Untergang der multinationalen Monarchien und der Entstehung von modernen Republiken wurde Mitteleuropa zum Herzen des Kontinents und zur Brücke zwischen Ost und West. Im Kalten Krieg wurde dasselbe Gebiet zur Grenzregion, die vom restlichen Kontinent durch den Eisernen Vorhang getrennt war. In dieser Ausstellung wird die grenzüberschreitende Geschichte von Österreich, Ungarn, Polen, der ehemaligen Tschechoslowakei (heute Tschechien und Slowakei), Slowenien, Kroatien, Serbien, Bosnien und Herzegowina sowie Montenegro und Mazedonien, den Nachfolgestaaten Jugoslawiens, erforscht. Ihre Bedeutung geht über die Region hinaus, da mitteleuropäische Ideen, Formen und Beziehungen sich weit verbreiteten und als Schlüssel

Introduction

Lifting the Curtain investigates the role of Central European architecture over the past century by searching for alternative perspectives to expanding and revising existing narratives – from the beginning of the 20th century to the adaptations in the post-war period, and its reflection in the post-socialist condition of the region. Lively architectural culture and intense transnational collaborations in this part of Europe are still largely absent from both the "Western" and local architectural discourses. Although the transformative stories of modernity are often results of crossing national borders, disciplinary confines or institutional boundaries, they do not fit easily in the current narratives of universal modernism, its national variants and peripheries.

After the fall of the multinational monarchies and the birth of modern states, Central Europe became the heart of the continent, connecting East and West. During the Cold War the same region became a border territory, separated from the rest of the continent by the Iron Curtain. In this exhibition, the stories from across the borders of Austria, Hungary, Poland, former Czechoslovakia (nowadays Czech Republic and Slovakia), Slovenia, Croatia, Serbia, Bosnia and Herzegovina, Montenegro and Macedonia (which succeeded former Yugoslavia) are investigated. Their importance goes beyond the region, as the ideas, forms and relationships originating in Central Europe have been widely transferred and can serve as a key to understanding modernization in different parts of the world.

zum Verständnis der Modernisierung in verschiedenen Teilen der Welt fungieren können.

Wir betrachten nicht nur die zentralen Schnittstellen und Projekte, die die Moderne in Mitteleuropa geformt haben, sondern auch Beispiele an der Peripherie, die für die lokale Rezeption und Entwicklung einer globalen Moderne stehen. Das Projekt ist ein Versuch, gegenwärtige Prozesse mittels einer kritischen Analyse der Architektur zu sehen – ihrer Produktion und Bedeutung sowie der Affinitäten zwischen dem globalen Diskurs und lokalen Besonderheiten. Die Ausstellung versteht sich nicht als umfassender Überblick, sondern als Informationslandschaft, die den Wechsel von einem objekt- zu einem wissensbasierten Verständnis mitteleuropäischer Architektur anregen möchte.

Die Case Studies beschreiben Netzwerke und Institutionen, die bis zum Fall des Kommunismus für die Bildung und Kontextualisierung von Baukultur maßgeblich waren, indem sie Querverbindungen zwischen unterschiedlichen nationalen Narrativen und breiteren Interpretationsrahmen herstellen. Spätere Phasen befassen sich mit den postmodernen Veränderungen in der Zeit nach der Wende und mit der Auswirkung von Projekten des 20. Jahrhunderts auf gegenwärtige Entwicklungen.

Lifting the Curtain ist keine Ausstellung über einzelne Architekten und Meisterwerke. Durch die Nachzeichnung eines internationalen Netzwerks von Menschen, Ideen, Institutionen, technischen Lösungen, Gesetzen und Begegnungen werden die Lücken herkömmlicher Geschichtsschreibung geschlossen und das Verständnis für Phänomene der Moderne und der Modernisierung in Mitteleuropa und dessen Einflussradius gefördert. Die Ausstellung besteht aus Fragmenten, Hinweisen und Pfaden auf einer noch unvollständigen Landkarte. Sie

We not only focus on the key transitions and projects that formed modernity in Central Europe, but also review peripheral cases showing the local reception and development of global modernity. The project is an attempt to understand current processes through a critical review of the architecture – its production and importance as well as through analyzing affinities between the global discourse and local specificity. The show is not a comprehensive overview but an informational landscape that tries to suggest a shift from an object-based to a knowledge-based understanding of architectural culture in the region.

The case studies describe networks and agencies that formed and contextualized architectural culture until the end of communism, tracing links between the different national narratives and larger interpretative frameworks. Later phases address the postmodern adaptations during the transformation periods, and the impact of 20th century projects on current unfolding processes.

Lifting the Curtain is not an exhibition about individual architects and masterpieces but about the ways in which architectural cultures of Central Europe evolved in time. Tracing an international network of people, ideas, institutions, technical solutions, legislation and encounters allows to fill in the gaps of current historiographies and to better understand the phenomenon of modernity and modernization. The show consists of fragments and paths on a map that still needs to be drawn. It shows significant cases filed in six groups – Experiments, Collectives, Transfers, Encounters, Research and Publics; these suggest clues to explaining how Central European architectural culture arose as a consequence of events or knowledge exchanges that have eluded both traditional historiography and the acknowledged role played by individuals or offices.

zeigt charakteristische Beispiele, die in sechs Kapiteln zusammengefasst sind – Experimente, Kollektive, Transfers, Begegnungen, Forschung und Öffentlichkeit. Diese bieten erklärende Anhaltspunkte zur Architektur Mitteleuropas als Folge von Wissenstransfer und Ereignissen, die sich sowohl der traditionellen Geschichtsschreibung als auch der Repräsentation von Einzelpersonen und Architekturbüros entziehen.

Die Forschung zu diesem Thema wird im Rahmen eines langfristigen Projektes weitergeführt, dessen Auftakt diese Ausstellung ist. Das Projekt will die Architekturgeschichte Mitteleuropas neu lesen, aber auch die heutigen Netzwerke und Zentren architektonischer Wissensproduktion in Mitteleuropa neu beleben und stärken. Lifting the Curtain: Der Vorhang – des Kalten Krieges, der Staatsgrenzen und der Disziplinen – hebt sich.

Piotr Bujas, Iris Meder, Maroje Mrduljaš, Zofia Płoska
und Samu Szemerey für TRACE network und das Kuratierungsteam

The research will be developed through a long-term project for which this show serves as an introduction. As much as rediscovering one's own history, the project attempts to revive and foster currently existing networks and active architectural knowledge production centers in Central Europe. Lifting the Curtain – of the Cold War, of national borders and that of disciplinary divisions – is on the way.

Piotr Bujas, Iris Meder, Maroje Mrduljaš, Zofia Płoska, and Samu Szemerey on behalf of TRACE network and the curatorial team

Ausstellungsansicht / exhibition view Venedig / Venice, 2014
[Foto: Maja Wirkus]

TRANSFER
CH
ENCOUNTERS
COLLECTIVES
LIFTING
the
CURTAIN
Central European
Architectural Networks

Zur Ausstellungsarchitektur

Die Ausstellung *Lifting the Curtain. Central European Architectural Networks*, die im Rahmen der Architekturbiennale 2014 in Venedig gezeigt wurde, war der Auftakt für ein langfristiges Projekt mit dem Ziel, eine Art offenes Archiv zu erstellen, das von Forschern und Forscherinnen aus verschiedenen Ländern Mitteleuropas ständig erweitert wird. Nach der ersten Präsentation in Venedig reiste die Ausstellung 2015 nach Wien. Weitere Stationen sind geplant.

Die Ausstellungsarchitektur spiegelt die Dynamik des Forschungsprojektes. Anstatt eine lineare Abfolge von historischen Ereignissen zu zeigen, wurden einzelne Case Studies um bestimmte Themenkreise und Akteure geordnet. Viele der Schlüsselfiguren erscheinen gleichzeitig in unterschiedlichen Clustern. Dies entspricht der Realität der Zeit, als Architekten und Architektinnen in Mitteleuropa internationale Netzwerke bildeten und auf globaler Ebene tätig waren. Durch das Aufzeigen der Beziehungen zwischen den verschiedenen Netzwerken können die Besucher und Besucherinnen der Ausstellung die komplexen Verbindungen hinter diesen Netzwerken entdecken.

Die Ausstellung hat keinen ausgewiesenen Anfangspunkt; sie ist von allen Seiten begehbar und ermöglicht individuelle Zugänge. Die Case Studies bilden Inseln, einen Archipel von Themen, die sich parallel zur Forschung weiterentwickeln, wachsen und neu geordnet werden können. Die Inseln bilden wiederum eine einheitliche Struktur, eine angehobene Ebene: eine

About the Spatial Concept

The exhibition at the 14th Venice Architecture Biennale was the kick-off for a long-term project. Its aim is to create an open archive – a body of knowledge that is constantly updated by researchers from different Central European countries. After this initial presence in Venice in 2014, the exhibition travelled to Vienna in 2015. In the coming years, more shows are planned.

The spatial concept of the exhibition reflects the dynamics of the research project. Rather than presenting a linear overview of historical events, the research cases are organized around actors and categories. Many of the key figures appear simultaneously in different clusters. This reflects the reality of the times when Central European architects formed international networks and were active on a global scale. By pointing out the relationships between different clusters, exhibition-goers are invited to discover the complex connections that create these networks.

The exhibition does not have a single starting point; it is accessible from any side and provides personalized experience. The research cases form islands, an archipelago of themes that can be rearranged or expanded as the exhibition – in line with the research – develops over time. Together the islands form a unified structure, a slightly elevated plane: a landscape of information, where one can set out on a journey of discovery.

The spaces between the different islands vary in size. Narrow passages stimulate encounters between the visitors, sparking interaction and debate. The public

Informationslandschaft, in der sich Besucher und Besucherinnen auf Entdeckungsreisen begeben können.

Die Räume zwischen den Inseln sind unterschiedlich groß. Enge Durchgänge regen Begegnungen an und können Interaktion und Gespräche auslösen. Das Publikum ist aufgefordert, Feedback zu geben und Teil von Architekturnetzwerken zu werden, wie sie in der Ausstellung vorgestellt werden. *Lifting the Curtain* besitzt die Eigenschaften eines Workshops, in dem Besucher und Besucherinnen eingeladen werden, zur Erweiterung des Wissensarchivs beizutragen.

Simone De Iacobis, Monika Konrad, Małgorzata Kuciewicz
Ausstellungsdesign-Team

is encouraged to give feedback and become part of the architectural networks featured in the exhibition. *Lifting the Curtain* has the characteristics of a workshop, where exhibition-goers are invited to make contributions to the growing body of research.

Simone De Iacobis, Monika Konrad, Małgorzata Kuciewicz
Exhibition design team

BEGEGNUNGEN

Bedeutende Veranstaltungen, Wettbewerbe oder Ausstellungen ermöglichen oft neue Erkenntnisse und beeinflussen die Produktion und Verbreitung architektonischen Wissens. Solche Treffen können strategisch für veränderte politische oder ästhetische Rahmenbedingungen genutzt werden, wobei die unerwarteten und unkontrollierbaren Elemente sich meist als dauerhafter erweisen. Als Versuchsfeld für neue Ideen sowie Ursprung persönlicher Anekdoten und Berufslegenden sind Begegnungen auch für spätere Generationen wichtige Referenzen.

ENCOUNTERS

Significant events, competitions or exhibitions often provide insight and formative influence on the production and dissemination of architectural knowledge. Strategic approaches use such encounters for shifting political or aesthetic frameworks, but just as often the unexpected and uncontrollable elements prove much more lasting. As testing grounds for ideas and wellspring of personal anecdotes and professional legends, encounters are also important references for later generations.

BEGEGNUNGEN

Die Weltausstellung Brüssel 1958

Das Gebäude selbst war der erfolgreichste Teil von Jugoslawiens Expo-Teilnahme

Architekt:
- Vjenceslav RICHTER

Der siegreiche Wettbewerbsentwurf von Vjenceslav Richter sah ein spektakulär von einem riesigen zentralen Stahlpfeiler abgehängtes Gebäude vor. Für die englische *Architectural Review* zählte er zu den "sechs herausragendsten Pavillons" der Expo. Päpste der Moderne wie Alfred H. Barr Jr. und Jean Cassou vom Pariser Musée National d'art moderne lobten den Bau, der mehr an eine sparsam möblierte Kunstgalerie als an einen Ausstellungspavillon denken ließ. Mit seinem frei fließenden Raum vermittelte er die klare Botschaft eines reformierten, offenen, modernen Jugoslawien, frei von stalinistischer Unterdrückung.

VK, MM

→ **Die auf schlanken Stahlstützen ruhenden verschränkten Volumen des Pavillons, die schwerelos über dem Marmor des Vorplatzes zu schweben schienen, bildeten eine dynamische Abfolge fließender Räume ohne Grenzen zwischen Innen und Außen.** [Archiv Jugoslawiens, Belgrad]

Der ungarische Pavillon gewann den *Goldenen Stern* der Brüsseler Expo

Architekt:
- Lajos GÁDOROS

Zwei Jahre nach der brutalen Niederschlagung der Revolution von 1956 sollte das Gebäude den internationalen Ruf des Landes heben, aber auch das Ende des sozialistischen Realismus signalisieren. Die Linie der neuen Regierung, die sich als fortschrittlich präsentieren wollte, brachte eine neue Wertschätzung vor dem Krieg ausgebildeter Architekten der Moderne mit sich. Die zwischen dem sowjetischen und dem US-amerikanischen Pavillon gelegene Leichtbau-Konstruktion war mit eigens entworfenen Möbeln und Kunstwerken ausgestattet. Mehrere für die Expo kreierte Speisen wurden zu Bestandteilen der "traditionellen" ungarischen Küche.

SSze

→ **Der ungarische Pavillon wurde von Lajos Gádoros entworfen, die Innenausstattung von István Németh und einer Reihe von Künstlern und Designern. Der Pavillon wurde erst nach seiner Auszeichnung mit einer Goldmedaille verstärkt publiziert.**
[Közti Archiv]

Der tschechoslowakische Beitrag erhielt die höchste Auszeichnung der Expo – den *Goldenen Stern*

Architekten:
- František CUBR
- Josef HRUBÝ
- Zdeněk POKORNÝ

Im auf sozialistischen Realismus gefassten Westen war man überrascht von der modernen Gestaltung der Ausstellung, die unter dem Motto "Ein Tag in der Tschechoslowakei" subtil den Optimismus sozialistischer Propaganda durch die künstlerische Inszenierung schimmern ließ. Der aus drei geschlossenen und zwei luftig verglasten Volumina komponierte Pavillon diente als zurückhaltender Hintergrund. Die Stahlkonstruktion war für den Abbau mit nachfolgender Neuaufstellung in Prag vorgesehen, ebenso wie das Restaurant, ein erstrangiges Beispiel leichter, moderner Architektur.

KG

→ **Der von der Expo 58 inspirierte "Brüsseler Stil" war in der Tschechoslowakei ein Wendepunkt für Design und Lifestyle. Möbel, Einrichtungsgegenstände, Kunstwerke und Gebrauchsobjekte aus Glas und Kunststoff wurden zu Symbolen der hoffungsvollen Freiheit, die die Dekade in der Tschechoslowakei prägte.** [Foto: Archiv Havas Worldwide, Prag]

Wie etwa jeder vierte Pavillon wurde auch der österreichische mit einem *Goldenen Stern* ausgezeichnet

Architekt:
- Karl SCHWANZER

Auf vier Stahlstützen schwebte der von Karl Schwanzer entworfene Pavillon rund um einen offenen Hof 6 m über dem Boden. Neben künstlerischen Arbeiten u.a. von Rudolf Hoflehner, Herbert Boeckl, Oskar Kokoschka, Fritz Wotruba und Maria Biljan-Bilger präsentierte er u.a. Produkte der Schwerindustrie, eine internationale Musikakademie und einen Kindergarten. Mit seiner Brückenkonstruktion sollte er Österreichs Rolle als "politische, wirtschaftliche und kulturelle Brücke zwischen Nord und Süd, Ost und West" und "Mittler zwischen den Völkern" symbolisieren, ohne "sich selbst zu ernst zu nehmen".

IM

→ **Wie der tschechoslowakische wurde der österreichische Pavillon nach dem Ende der Ausstellung abgebaut und, mit geschlossenem Erdgeschoss, im Schweizer Garten in Wien als Museum des 20. Jahrhunderts neu aufgestellt.** [Weltausstellung Brüssel 1958. Österreich, Hg. Geschäftsstelle des Regierungskommissärs für die Weltausstellung Brüssel 1958, Wien 1958]

Der polnische Pavillon auf der Expo '58 war als Ausstellungsobjekt konzipiert

Architekten und Künstler:
- Jerzy SOŁTAN
- Zbigniew IHNATOWICZ
- Lech TOMASZEWSKI
- Wojciech FANGOR

Kunst- und Forschungsabteilung der Akademie der Bildenden Künste Warschau, Entwurf 1956, nicht realisiert

Der Pavillon präsentierte die Volksrepublik Polen als Land innovativer Technologie (mit der Tetraeder-Modul-Struktur seines Daches), modern (durch raumgreifende "musique concrète") und erfahren in Friedensarbeit (mit einem großformatigen Gemälde, das in der Art von Kinderzeichnungen die Geschichte des sozialistischen Staates darstellte). Der Entwurf wurde jedoch Opfer der politischen Entwicklungen. In der Ausführungsplanung wurde er als Zeugnis eines "gigantischen Pavillon-Bau-Wahns" gestoppt.

AK

↗ **Polnischer Pavillon für die Expo '58 in Brüssel.** Wettbewerbsmodell von Jerzy Soltan, Zbigniew Ignatowicz, Lech Tomaszewski und Wojciech Fangor, Kunst- und Forschungs-abteilung der Akademie der Bildenden Künste Warschau. [Foto: Kaczowski, Museum der Akademie der Bildenden Künste Warschau (ZAB 8.13 Archiv)]

→ **Wojciech Fangor, Farbkonzept für den polnischen Pavillon auf der Expo '58 in Brüssel, Südwand, Ansicht vom Innen-raum.** [Museum der Akademie der Bildenden Künste Warschau (MASP 1908)]

BEGEGNUNGEN

Arbeitsgruppe 4 und ÖGFA

Architektur als historische, gesellschaftliche und politische Verantwortung

Orte:
- LA SARRAZ, WIEN

Zeit:
- 1955, seit 1965

Am CIAM-Vorbereitungskongress in La Sarraz 1955 nahmen unter anderen auch die österreichischen "Junior-Mitglieder" von der Arbeitsgruppe 4, Johannes Spalt, Wilhelm Holzbauer und Friedrich Kurrent, teil. Während Holzbauer sein Studium später in den USA fortsetzte, entdeckten Kurrent und Spalt neben ihrer architektonischen Praxis die verdrängte österreichische Vorkriegsmoderne wieder und luden vertriebene österreichische Architekten nach Wien ein, darunter Adolf Loos' ehemaligen Bürochef Heinrich Kulka, der nach Neuseeland emigriert war.

Sie waren auch verantwortlich dafür, dass der nach Schweden emigrierte Josef Frank anlässlich seines 80. Geburtstages im Jahr 1965 den Österreichischen Staatspreis erhielt. Die aus diesem Anlass zusammengestellte Wiener Ausstellung – die erste Josef-Frank-Ausstellung überhaupt – wurde in der Blutgasse in den Räumen der im selben Jahr von Friedrich Kurrent mitbegründeten Österreichischen Gesellschaft für Architektur (ÖGFA) gezeigt, die enge Kontakte nicht nur zu emigrierten Architekten der österreichischen Moderne, sondern auch zu sozialistischen Ländern wie der Tschechoslowakei, der Sowjetunion und Bulgarien pflegte.

IM

↑ **Erste Josef-Frank-Ausstellung im ÖGFA-Lokal in der Blutgasse, Wien, 1965.** [Archiv Kurrent / Spalt]

↑ **Johannes Spalt, Friedrich Kurrent und Wilhelm Holzbauer (von links) auf dem CIAM-Vorbereitungskongress in La Sarraz, 1955.** [Foto: Franz Hubmann, mit freundlicher Genehmigung von Axel Hubmann]

← **Fest zum 40. Geburtstag der ÖGFA, Wien, 2005.** [ÖGFA-Archiv]

BEGEGNUNGEN

Der Wettbewerb für das Kunstmuseum Skopje

Kunst als Demonstration der Solidarität sozialistischer Länder

Orte:
- SKOPJE, WARSCHAU

Zeit:
- Erdbeben 1963
- Museum 1966-1970

Nach dem verheerenden Erdbeben von Skopje im Jahr 1963 stellte die polnische Regierung nicht nur Fachleute für den Wiederaufbau der Stadt zur Verfügung, sondern auch mehrere Entwürfe für Neubauten. Gleichzeitig forderte die UNESCO Künstler und Künstlerinnen zu Solidarität und Unterstützung durch Beiträge zum Aufbau einer neuen städtischen Kunstsammlung auf. Aus den beiden Initiativen erwuchs die Idee eines Wettbewerbs für ein Gebäude, das die wachsende Sammlung aufnehmen sollte. Der künftige Direktor des Museums, Boris Petkovski, erarbeitete das vielfältige Raumprogramm, das nicht nur verschiedene flexible Ausstellungsbereiche umfasste, sondern auch mit der umgebenden Landschaft verbundene multifunktionale Räume.

Aus 89 Einreichungen wurde 1966 das Siegerprojekt ausgewählt. Das von den "Warschauer Tigern", dem Trio Wacław Kłyszewski, Jerzy Mokrzyński und Eugeniusz Wierzbicki, flexibel geplante, zurückhaltend moderne Gebäude, das mit anti-seismischer Technologie ausgestattet war, sollte ein Symbol "brüderlicher Hilfe" sein – ein politischer Beitrag Polens zum Wiederaufbau der Stadt.

PB, AGz, ZP

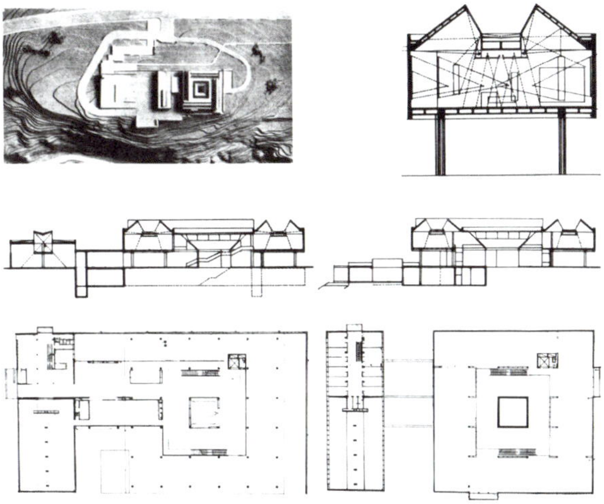

↖ **Modellfoto, Grundrisse und Schnitte.**
[Architektura 1974]

↑ **"Das Prinzip räumlicher Bauformen setzt sich auch innerhalb des Museumsgebäudes durch – Weiträumigkeit mit Emporen im Obergeschoss, die permanente und temporäre Ausstellungen aufnehmen, während die untere Ebene, teilweise hinter der Verglasung der Kolonnade, als Skulpturengalerie dient." (Tadeusz Barucki).**
[Projekt 1966]

← **Der in den Bergen über dem Fluss Vardar gelegene Museumsbau nimmt in seiner zeitlosen rationalen Einfachheit mit dem weißen Marmor zugleich Bezüge zum Kontext des felsigen Gebirges auf.**
[Architektura 1974]

BEGEGNUNGEN

Petržalka

Manifest einer Moderne auf dem Rückzug

Ort:
- BRATISLAVA

Zeit:
- 1966-1981

Preise:
- Nr. 7, Tibor ALEXY, Ján KAVAN, Filip TRNKUS, BRATISLAVA
- Nr. 42, Karel TYPOVSKÝ, Jaroslav NOVÁČEK, Vít ADAMEC, OLOMOUC
- Nr. 43, Shyojiro YAMANE, Denji OGURA, Yoshimasa OKUMA, Masashi MIYAKAWA, Hiroshi TANIGUCHI, Jiro ONUMA, Osamu MYOJYO, Tsunehico HONGO, TOKIO
- Nr. 46, George Vernon RUSSELL, Anton JEMRIC, Mitarbeit John MCKEOWN, Jr., Lynne PAXTON, LOS ANGELES
- Nr. 74, Roland RAINER, Albin ARZBERGER, Herbert KARRER, WIEN

Der 1966 ausgeschriebene internationale Wettbewerb für den südlichen Teil von Bratislava – Petržalka, einen neuen Stadtteil für 100.000 Einwohner – war eines der prominentesten Beispiele für die neuen tschechoslowakischen Kontakte zum Westen. Die 84 am Wettbewerb beteiligten Planungsteams kamen aus der ganzen Welt. Zum größten Teil versuchten die Entwürfe, urbane Strukturen zu schaffen, die das viel kritisierte Prinzip isoliert stehender Gebäudezeilen überwanden und zugleich die hygienischen Probleme traditioneller, auf Blockrandbebauung basierender Stadtplanung vermieden.

Dennoch kam die Jury "zu dem Schluss, dass keiner der Entwürfe den Qualitätsstandards und den Anforderungen der Wettbewerbsausschreibung gerecht wurde". Fünf dritte Preise wurden an Projekte vergeben, die Anregungen für die weitere Planung von Petržalka lieferten. Den Empfehlungen der Jury folgend, entwickelten die ortsansässigen Architekten Stanislav Talaš und Jozef Chovanec einen neuen Bebauungsplan. Trotz aller Komplikationen und Kritiken konnte die Stadt Bratislava letztlich ein bemerkenswertes Beispiel von Massenwohnbau auf internationalem Niveau realisieren.

PS

→ **Wettbewerbsentwurf des Teams Alexy, Kavan, Trnkus, Modellfoto.**
Der einzige prämierte Wettbewerbsbeitrag slowakischer Architekten hatte großen Einfluss auf den ausgeführten Leitplan von Petržalka.
[Kamil Gross, Medzinárodná súťaž Bratislava-Petržalka, Bratislava, Vydavateľstvo slovenského fondu výtvarných umelcov, Bratislava 1969]

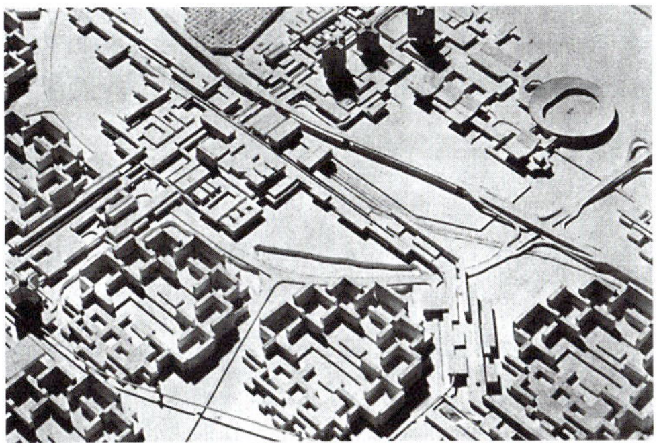

← **Wettbewerbsentwurf des Teams Rainer, Arzberger, Karrer, Modellfoto.**
[Kamil Gross, Medzinárodná súťaž Bratislava-Petržalka, Bratislava, Vydavateľstvo slovenského fondu výtvarných umelcov, Bratislava 1969]

→ **Das Wohnquartier Petržalka im Bau.**
In der fast 30 Jahre dauernden Bauzeit von Petržalka errichtete die staatliche Baufirma Pozemné stavby n. p. Bratislava 49.829 Wohnungen für derzeit 111.778 Bewohner und Bewohnerinnen.
[Archiv der Abteilung für Architektur der Slowakischen Akademie der Wissenschaften USTARCH SAV]

BEGEGNUNGEN

Warschauer Konfrontationen

Ein internationaler Austausch räumlicher Konzepte

Ort:
- WARSCHAU

Zeit:
- 1972, 1975, 1978, 1981

1972 initiierten die Stadt Warschau und die Vereinigung polnischer Architekten SARP (Stowarzyszenie Architektów Polskich) ein innovatives internationales Projekt, bei dem sie zehn Teams aus Belgrad, Kiew, Berlin, Moskau, Prag, Sofia und Warschau einluden, Leitpläne für ein Wohnviertel für 100.000 Bewohner zu entwerfen. Die Konzepte der *Warszawskie Konfrontacje* (Warschauer Konfrontationen) waren nicht zur Realisierung gedacht, sondern sollten die Stadtplaner als kollektives Brainstorming inspirieren und einen internationalen Blick auf lokale Probleme zeigen.

Jedes Team erarbeitete vollständige Entwürfe – vom städtebaulichen Konzept bis zur Architektur einzelner Gebäude – und reiste nach Warschau, um diese zu präsentieren und zu diskutieren. Die besten Projekte, Statements und Ideen wurden durch die Stadtverwaltung, den Minister für Bauwesen und den Präsidenten des SARP mit Preisen ausgezeichnet. Wegen des großen internationalen Interesses wurde das Projekt zu einer regelmäßigen Veranstaltung. Neue Teams legten 1975 Entwürfe für das Warschauer Akademieviertel vor. Drei Jahre später stießen Mitbewerber aus den nicht-sozialistischen Städten Stockholm, Paris und Helsinki hinzu, um ihre Ideen zum Thema *Erholung in der Stadt* zu präsentieren. Die letzte und spektakulärste Sitzung war 1981 Teil des Kongresses der UIA (Union Internationale des Architectes) in Warschau, wodurch sie globale Wirkung erzielte.

ZP

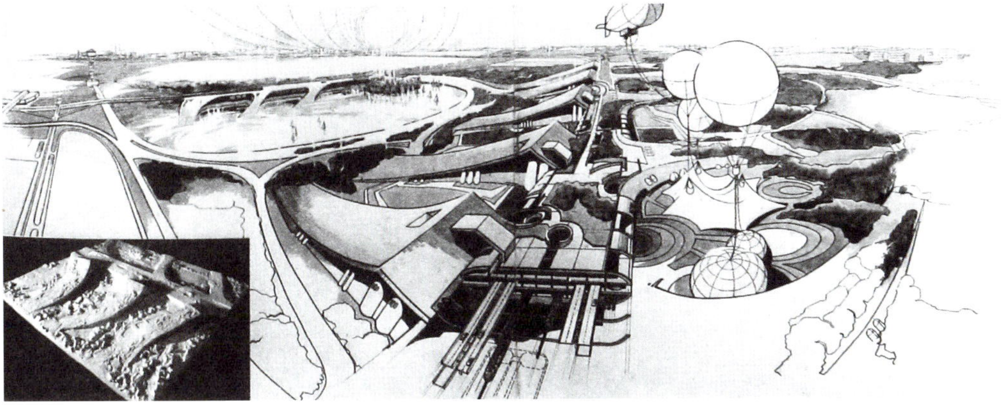

↑ **Entwurf für das Warschauer Erholungsviertel vom polnischen Team, Warszawskie Konfrontacje '78.**
Die Vision eines Freizeitzentrums mit Einrichtungen für Sport, Kultur und Unterhaltung war Teil des Projektes von Wojciech Zabłocki, Zbigniew Piniński, Jacek Bodasiński, A. Pęcherski und Roman Piotrowski. An Regentagen sollten die Außenanlagen mit Zelten überdeckt werden, die an Luftballons hingen.
[Architektura 1978]

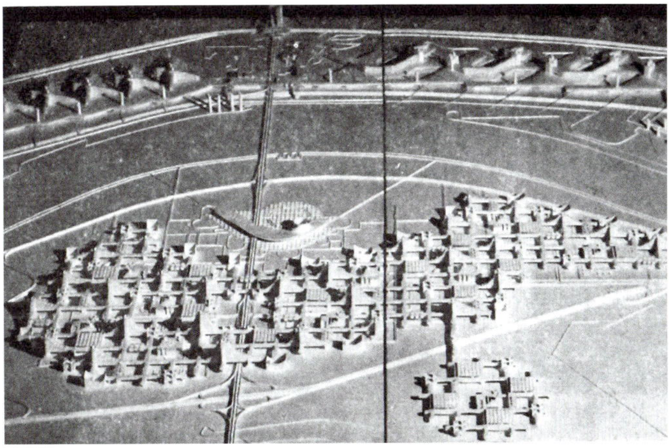

→ **Entwurf für das Warschauer Wohnviertel vom Belgrader Team, Gocław '72 (erste Warschauer Konfrontationen).**
Projekt von Milan Lojanica, Predrag Cagić, Nedeljko Borovnica, M. David, Borivoje Jovanović und V. Bujanac-Borovnica.
[Architektura 1973]

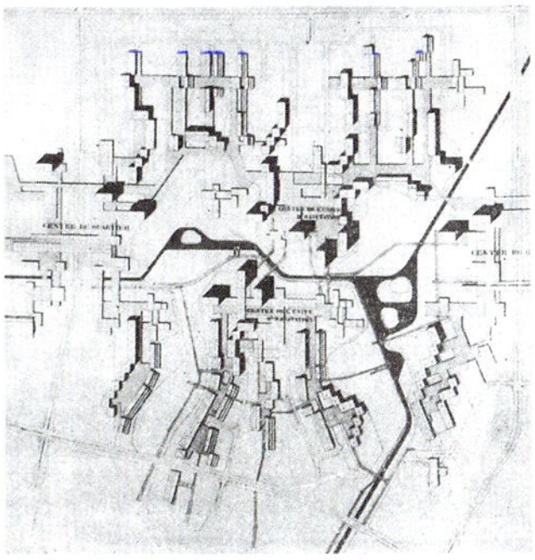

↑ **Entwurf für das Warschauer Akademieviertel vom Moskauer Team, Konfrontationen '75.**
E. W. Rybickij und W. W. Zobkow schlugen vor, die Ausbildungsstätten in Modulen aufzuständern. Das Projekt wurde mit dem Preis des Ministers für Bauwesen ausgezeichnet.
[Architektura 1976]

BEGEGNUNGEN

Das Fass des Diogenes

Der Pressekritikerpreis für das beste architektonische Werk in den sozialistischen Ländern

Ort:
- WARSCHAU

Zeit:
- 1976 und 1977

"Vor allem möchten wir die Verbundenheit zwischen uns stärken, Kreativität fördern und schließlich die Architekturkritik anregen."

Der Wettbewerb *Das Fass des Diogenes* – die Idee entstand während einer Jahrestagung der Architekturpresse der sozialistischen Länder – wurde gegründet als informelle Initiative von Architekturkritikern. Er wurde das erste Mal 1976 von der Redaktion der polnischen Zeitschrift *Architektura* organisiert, die ihre Kollegen und Kolleginnen aus der Tschechoslowakei, Ungarn, der DDR, Jugoslawien, der Mongolei und der Sowjetunion einluden, den besten Entwurf des Jahres aus ihrem Land vorzuschlagen. Aus den eingereichten Projekten kürte die polnische Jury das Projekt des Jahres im ganzen Ostblock.

Der Wettbewerb endete mit einer spektakulären Feier (auch gedacht als Networking-Event), bei der der Gewinner des ersten Preises, Tibor Egyed aus Ungarn, ein geschnitztes Holzfass erhielt. Im folgenden Jahr ging der Preis an das Team L. Galperin, B. Fabrycki, M. Fajnberg, I. Szmelew und I. Kaufmann aus Leningrad. Obwohl die Initiative nicht von langer Dauer war, setzte das Netzwerk der Architekturjournalisten die Zusammenarbeit über den Austausch von Artikeln, Besprechungen und Kongresse bis 1989 fort.

ZP

→ **Preisverleihung des Fasses des Diogenes 1976.**
Neben den Vertretern der Projektpartner von der mitteleuropäischen Architekturpresse waren Fernsehen, Presse und Radio anwesend.
[Foto: Nina Smolarz, Architektura 1976]

↓ **Detail des Pionierpalasts Orlonek am Schwarzen Meer.**
Beim zweiten Wettbewerb ging der Preis an die Verfasser des multifunktionalen Jugendzentrums am Fuße des Kaukasus-Gebirges, L. Galperin, B. Fabrycki, M. Fajnberg, I. Szemelew und I. Kaufmann.
[Architektura 1977]

← **Der Siegerentwurf von 1977 – der Pionierpalast Orlonek am Schwarzen Meer.**
[Architektura 1978]

EXPERIMENTE

Die Ausübung des Architektenberufs im institutionellen Rahmen verwandelte Experimente im Entwurf, insbesondere im Staatssozialismus, unausweichlich in Experimente des organisatorischen Prozesses und der Entscheidungsfindung. Unter solchen Voraussetzungen wurden Entwurfskonzepte ungeachtet ihrer Absichten impliziter Nährboden für politische Kritik, da sie mittels abweichender Methoden der Planung, des Baus oder der Nutzung von Räumen und Systemen Alternativen außerhalb des vorgegebenen Kontextes aufzeigten.

EXPERIMENTS

Particularly in socialist states, practicing architecture in an institutional framework inevitably turned experiments in design into experiments in organizational process and decision-making. Under such conditions, design concepts became implicit testing grounds for political critique, regardless of their intentions; trying out other ways of planning, constructing or using spaces and systems revealed alternatives outside the prescribed context.

EXPERIMENTE

Josef Frank und die Wiener Kunstgewerbeschule

Die Verbreitung der Wiener Moderne auf allen Kontinenten

Ort:
- WIEN

Zeit:
- 1910-1938

Im frühen 20. Jahrhundert vertrat die Wiener Kunstgewerbeschule mit Lehrenden wie Oskar Strnad und Josef Frank eine äußerst progressive, den pädagogischen Konzepten des Bauhauses nicht unähnliche Architekturlehre. Frank, Gründungsmitglied des Österreichischen Werkbundes und später der CIAM sowie künstlerischer Leiter der Wiener Werkbundsiedlung, war die Schlüsselfigur einer skeptischen Wiener Schule der Moderne, die den Ästhetizismus der Wiener Werkstätte ebenso ablehnte wie den radikalen, nach Franks Auffassung dogmatischen Funktionalismus des Deutschen Werkbundes.
Die Planung eines Wohnhauses sollte nach Frank mögliche künftige Veränderungen, Erweiterungen und Umbauten bereits im Konzept berücksichtigen, um dem per se unpathetischen Leben seiner Bewohner gerecht zu werden.

Frank, jüdischer Herkunft und Sozialdemokrat, emigrierte mit seiner schwedischen Frau bereits 1933 nach Stockholm. Wie er mussten die meisten der Protagonisten der Wiener Schule Österreich nach dem "Anschluss" an das Deutsche Reich 1938 verlassen. Durch ihre architektonische Praxis und Lehraufträge verbreiteten sie das Gedankengut der Wiener Moderne auf allen Kontinenten.

IM

→ **Aufbau der Werkbund-Ausstellung im Hof des Österreichischen Museums für Kunst und Industrie, April 1930.** Von links: László Gábor, Ernst Lichtblau, Josef Frank, Maria Stadelmayer, Rudolf Wakler, Elsa Engel-Mainfelden, Hermann Neubacher. [Foto: Willinger; mit freundlicher Genehmigung von Anna Bieber]

↓ **Josef Frank, Entwurf eines Landhauses in Baden, um 1928.** [Innendekoration 1928]

↑ **Titel des Augustheftes 1932 von *Innendekoration* mit Josef Franks Haus in der Wiener Werkbundsiedlung.** [Foto: Julius Scherb]

EXPERIMENTE

Eine raumzeitliche Studie

Krystian Burda und sein Chopin-Monument

Orte:
- WARSCHAU, ŻELAZOWA WOLA

Zeit:
- 1961
- Kunst- und Forschungsabteilung 1954-1977, 1961-1993

Nach seinem Studium beim Architekten, Maler und Bildhauer Oskar Hansen, dem Bildhauer Jerzy Jarnuszkiewicz und Jerzy Sołtan, Architekt und Mitbegründer der Kunst- und Forschungswerkstätte, der Abteilung für experimentelles Design/Didaktik an der Warschauer Akademie der Bildenden Künste, stellte Krystian Burda 1961 sein Abschlussprojekt vor: ein monumentales Denkmal für Frédéric Chopin, das in der Geschichte von Kunst und Architektur bis dahin ohne Vorbild war. Der Entwurf nannte sich *Die Straße nach Żelazowa Wola – eine raumzeitliche Studie* und sah ein "Straßen-Monument" vor, bestehend aus räumlichen Formen entlang eines 10 km langen Teilstückes der Route zwischen Warschau und Żelazowa Wola, dem Geburtsort des Komponisten. Das Denkmal sollte durch das Autofenster bei einer Geschwindigkeit von 60 km/h betrachtet werden.
In seiner bahnbrechenden Herangehensweise an das Thema des öffentlichen Denkmals, der Skulptur, der Stadtplanung und rhythmischer Erfahrung thematisierte Burda die Rolle von Raum im Kunstwerk.

Von 1961 bis 1993 arbeitete Burda als Industriedesigner beim metallverarbeitenden Unternehmen *Rybnickie Zakłady Wyrobów Metalowych Huty Silesia* im schlesischen Rybnik. 1962 erhielt er ein Stipendium der dänischen Regierung, das er nicht in Anspruch nehmen konnte, weil er keine Auslandsreiseerlaubnis bekam.

SB, SSzy

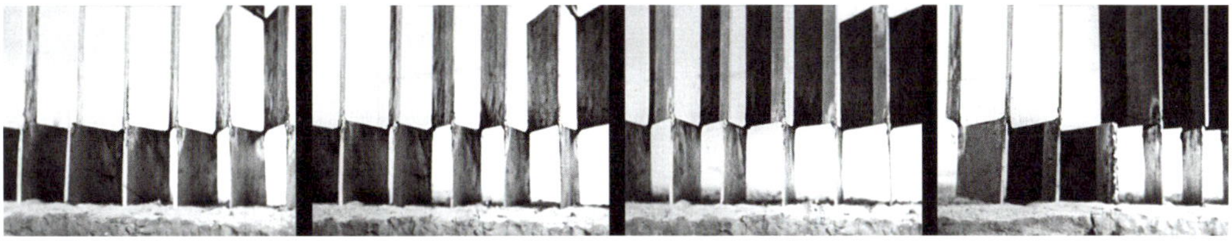

↑↓ **Fotos von Krystian Burda aus seiner Abschlussarbeit *Die Straße nach Żelazowa Wola* – eine raumzeitliche Studie, 1961.**
[Besitz des Künstlers]

← **Krystian Burda mit einem Gerät für "raumzeitliche Komposition".**
[Archiv Oskar Hansen, Museum der Akademie der Bildenden Künste Warschau]

EXPERIMENTE

Synthurbanismus

Eine Nachkriegs-Stadtutopie als Rahmen für einen selbstverwalteten jugoslawischen Sozialismus

Ort:
- ZAGREB

Zeit:
- 1964-1974

Internationale Präsentationen des Synthurbanismus:
- Biennale SÃO PAULO, 1965
- Plus by Minus: Today's Half Century, Albright-Knox Gallery, BUFFALO, 1968
- Trigon-Personale 4, GRAZ, 1972
- Biennale SÃO PAULO, 1977
- Symposium zur Synthese in Architektur und bildender Kunst, MOSKAU, 1978

Vjenceslav Richters Utopie des Synthurbanismus sah vor, alle städtischen Funktionen in massiven "Zikkuraten" mit bis zu 12.000 Bewohnern und Bewohnerinnen zusammenzufassen, um die Zeit des Pendelns zur Arbeit einzusparen. Das Projekt, das eine radikale Kritik am "analytischen Urbanismus" der CIAM war, schlug einen erweiterten Begriff der Künste unter Einbeziehung der zeitlichen Dimension vor, um eine "vierdimensionale Stadt" zu schaffen. Die erste Version des Projektes wurde im gleichnamigen Buch 1964 publiziert. In ihren späteren Fassungen beinhaltete die größte Stadtutopie des sozialistischen Jugoslawien auch mobile Elemente.

Der Synthurbanismus wurde beeinflusst von Technik-Utopien wie dem französischen "urbanisme spatial", der die Stadt gemäß Hochtechnologie, Mobilität und Freiheit für die Konsumgesellschaft radikal neu dachte. Richter plante den Synthurbanismus allerdings als ideale selbstverwaltete Gemeinschaft und adaptierte so Technik-Utopien für die Bedürfnisse des jugoslawischen Sozialismus. Weitere wichtige Anregungen kamen von seinem Engagement bei den *New Tendencies*, einer Zagreber internationalen Gruppe, die zwischen 1961 und 1973 in einer Reihe von Ausstellungen konkrete, konzeptuelle und digitale Kunst präsentierte.

MM, VK

↑ **Schnitt durch die gesamte Zikkurat mit verschiedenen Innenräumen in perspektivischer Ansicht.**
[Museum für zeitgenössische Kunst, Zagreb]

↓ **Axonometrie der synthurbanistischen Stadt.**
[Museum für zeitgenössische Kunst, Zagreb]

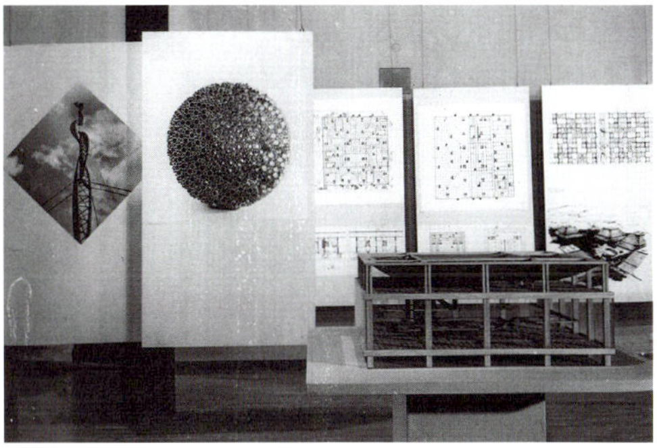

↑ **Ausstellung im Zagreber Kunstgewerbemuseum 1964 mit dem synthurbanistischen Projekt im Zusammenhang künstlerischer und architektonischer Arbeiten.**
[Kunstgewerbemuseum Zagreb]

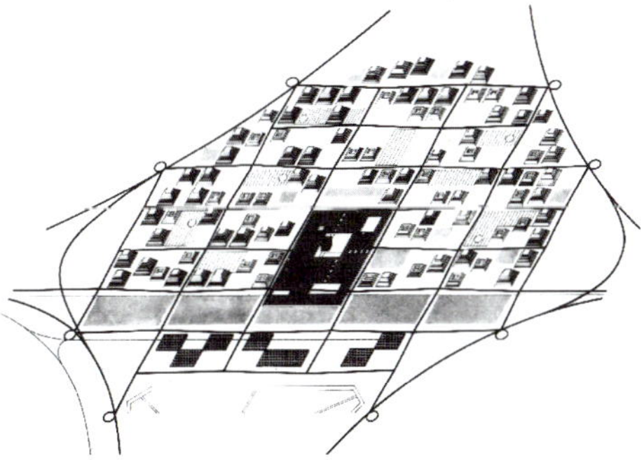

EXPERIMENTE

Die Stadt über der Stadt

Die Überbauungen von Karel Prager

Ort:
- PRAG

Zeit:
- 1966-1985

Karel Pragers Vision verlief umgekehrt zum Üblichen: Zuerst wurde ein Gebäude errichtet, an dem alle neuen konstruktiven und technischen Details getestet wurden – nämlich das der Tschechoslowakischen Bundesversammlung –, erst danach kam die Phase der visionären Stadt über der Stadt. 1966, nach seinem Wettbewerbssieg beim Umbau der früheren Prager Börse, konnte Prager mit seinen Mitarbeitern ein Konzept realisieren, das bis dahin nur sporadisch in den theoretisch-utopischen Entwürfen von Archigram, den japanischen Metabolisten, Yona Friedman und anderen Visionären der 1960er Jahre aufgetaucht war.

In einem staatlich beauftragten Projekt für experimentellen Wohnbau wurde das Konzept auf einen größeren städtebaulichen Maßstab übertragen. Es sah urbane Nachverdichtung bei minimalem Grundflächenverbrauch vor und bot zugleich die Möglichkeit sukzessiver Neugestaltung. Die detailliert ausgearbeitete Studie wurde zur Ausführung empfohlen, wurde aber nie realisiert. Prager setzte die neuen Typologien in den folgenden 20 Jahren bei seinen städtebaulichen Studien ein. Die Bundesversammlung war der Katalysator und letztlich das einzige gebaute Beispiel seiner "multifunktionalen Überbauungen".

YV

↓ **Karel Prager, Jiří Kadeřábek, Jiří Albrecht, Bundesversammlung, Prag, 1966-73.** Das Projekt einer Überbauung des bestehenden Börsengebäudes aus den 1930er Jahren errang beim geladenen Wettbewerb 1966 den ersten Preis. [Foto: Pavel Jasanský, Nachlass Karel Prager]

↑ **Konstruktion der Überbauung als Vierendeelträger, 1968.** "Meine eigenen Projekte wurden nicht von mir selbst gebaut, das machten Leute in den Neunzigern. Prager schaffte es aber, sein Bundesversammlungs-Projekt in den Sechzigern zu realisieren. So ist er in gewisser Weise ein Vorläufer der 'Ville Spatiale' in der Realität." (Yona Friedman 2011 in einem Brief an CCEA) [Archiv Vítkovice]

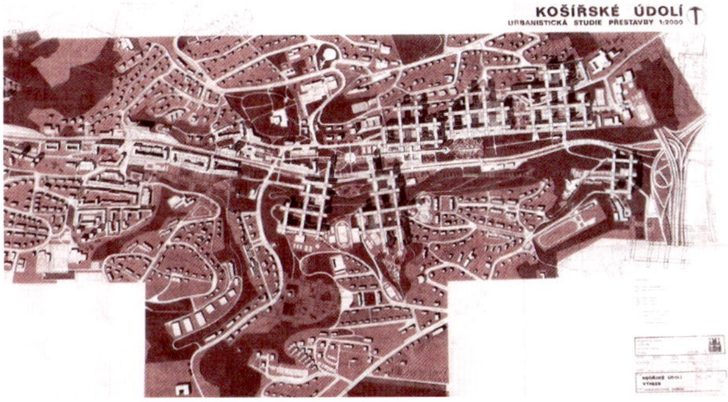

← **Plan des Experimentalwohnquartiers Prag-Košíře, 1975.** [Nachlass Karel Prager]

EXPERIMENTE

Der SIAL-Kindergarten

Technische Innovation als Widerstand gegen eine demoralisierte Gesellschaft

Ort:
- LIBEREC

Zeit:
- 1969-1971

Vier Komponenten ermöglichten die Gründung des SIAL-Kindergartens: 1. Feuer – die Zerstörung des Schutzhauses auf dem Ještěd, das durch einen Fernsehturm mit Hotel nach einem Entwurf von Karel Hubáček, dem Leiter der Architekturbüros SIAL, ersetzt wurde, 2. Networking – die Bemühungen des SIAL-Gründungsmitglieds Miroslav Masák, Architekten mit anderen Berufsgruppen zusammenzubringen, 3. politische Unterstützung – der Bürgermeister von Liberec stellte ein Stipendium für hochbegabte Architekturabsolventen und -absolventinnen zur Verfügung, und 4. die Stadt selbst, Liberec – weit im Norden und weit von Prag.

Die Architekten, die in Liberec der Monotonie der Serienproduktion zu entkommen, aber auch Alternativen und Freiheit zu finden hofften, erarbeiteten einzigartige Projekte: technisch anspruchsvoll, angepasst an extreme Bedingungen, auf die äußeren Gegebenheiten reagierend – wie Hubáčeks Fernsehturm auf dem höchsten Berggipfel der Gegend mit Windgeschwindigkeiten bis zu 200 km/h. Der SIAL-Kindergarten war ein wichtiger Ort für junge Architekten und Architektinnen, die das Leitbild von Ethik, Humanismus und Verantwortung vor der Demoralisierung in der Gesellschaft schützte. Unter dem Druck des Regimes wurde der SIAL-Kindergarten 1971 aufgegeben, aber einige seiner Mitglieder arbeiteten mit Masák und Hubáček im Büro Stavoprojekt unter dem Namen Atelier 7, später Atelier 2, weiter zusammen.

AGe

↑ **Entwurf für die tschechische Schutzhütte auf der Sněžka, Dalibor Vokáč, Zdeněk Zavřel 1975-78.**
[mit freundlicher Genehmigung von SIAL]

↑ **SIAL-Mitarbeiter und -Mitarbeiterinnen beim Adolf-Loos-Denkmal von Jiří Seifert, Liberec 1981.**
"Wir sind uns einig darüber, dass es befriedigend ist, ein anständiges Haus zu bauen, aber das ist es nicht wert, aufzuhören, ein anständiger Mensch zu sein. Für mich und meine Generation kam eine Zeit, in der es allmählich mehr anständige Häuser als anständige Menschen gab." (Miroslav Masák)
[mit freundlicher Genehmigung von Miroslav Masák]

← **Ještěd-Turm, Karel Hubaček, Zdeněk Patrman, Zdeněk Zachař 1963.**
Hubáčeks Wettbewerbsentwurf für das neue Schutzhaus mit Fernsehturm vereinte die Funktionen in einem Bau, der eine Weiterführung des einstigen Vulkans war. Diese Lösung erforderte technische Erfindungsgabe, interdisziplinäre Zusammenarbeit und eine zehnjährige Bauzeit. Die Konstruktion wurde ein Meilenstein in der Zusammenarbeit verschiedener Professionen und zog mehrere Patente nach sich.
[mit freundlicher Genehmigung von Miroslav Masák]

EXPERIMENTE

Das Miskolcer Kollektivhaus

Eine radikale Abkehr von institutionalisierten Praktiken und der Wohnungspolitik seiner Zeit

Ort:
• MISKOLC

Zeit:
• 1979

Das Kollektivhaus in Miskolc entstand 1979 und wurde von 30 Architekturabsolventen initiiert, die eine langfristige Wohn- und Arbeitskooperative in der schnell wachsenden Industriestadt gründeten. Mit den selben Budgetvorgaben, Fertigbauteilen und Nutzflächenbestimmungen wie im gewöhnlichen Wohnungsbau schuf das Kollektiv eine gänzlich neue Struktur, in der kleinere Wohnungen mit einem großen, flexiblen und multifunktionalen Gemeinschaftsraum kombiniert wurden.

Das Haus fungierte als Knotenpunkt für alternative Kunst und Kultur, Bildung und Veranstaltungen aller Art in der entmutigenden Atmosphäre des letzten Jahrzehnts des Kommunismus. Das Kollektiv war außerdem ein experimentelles Studio innerhalb des Instituts für Planung im Nordosten und spielte eine entscheidende Rolle in der Entwicklung neuer Haus- und Stadtplanungstypologien. Mit seiner preisgekrönten Einreichung bei den *Warschauer Konfrontationen* 1981 kündigte sich der Beginn des Kontextualismus in der ungarischen Architektur an.

Nach 1989 wurde das Gebäude privatisiert und allmählich in einen Mehrfamilienhauskomplex umgewandelt, nachdem die meisten der Initiatoren ausgezogen waren. Das Architekturkollektiv wurde ein Privatunternehmen, das bis heute besteht.

SSze

↑ **Miskolcer Kollektivhaus, Gemeinschaftsraum.**
[János Golda, Mihály Rudolf]

← **Miskolcer Kollektivhaus, Eingangsbereich 2009.**
[János Golda, Mihály Rudolf]

EXPERIMENTE

Makro-Installationen

Die Warschauer Interventionen von Jacek Damięcki

Ort:
- WARSCHAU

Zeit:
- Kunst- und Forschungsabteilung der Akademie der Bildenden Künste seit 1950
- The Walkway 1975
- The Cloud 1994

Die Strategie der Verschmelzung von bildender Kunst und Stadtplanung (monumentale Skulpturen, "meso-urbane" Planung) entstand in den 1950er Jahren innerhalb der Kunst- und Forschungsabteilung an der Akademie der Bildenden Künste in Warschau. Großformatige Installationen menschlichen Maßstabs bis hin zu landschaftsplanerischen Dimensionen waren die Charakteristika dieser Architektengruppe. Desgleichen lag der Hauptfokus von Jacek Damięcki auf Installationen, welche Kunst und Stadtentwicklung integrierten. Damięcki, Jahrgang 1935, beschäftigte sich Zeit seines Lebens mit Konzepten selbst generierter Produktionsmodi. Werke wie die Makro-Installation *Walkway*, die 1975 auf dem damaligen Warschauer Plac Zwycięstwa (heute Plac marsz. Józefa Piłsudskiego) errichtet wurde, oder die 1994 am selben Platz installierte *The Cloud* führten die Tradition der Kunst- und Foschungsabteilung fort.

Zwei Jahrzehnte lang blieb Damięckis Arbeit an der Peripherie polnischer Architekturgeschichtsschreibung, da die meisten seiner Entwürfe entweder nur kurzlebig waren oder nie gebaut wurden. Heute allerdings, wo neue Praktiken taktischer Interventionen an bestehenden Bauwerken einen erweiterten Begriff der Architekturdisziplin bedingen, können die Ideen des "Meso-Urbanismus" aus den 1950ern und jene hinter den Makro-Installationen aus den 1970er/90er Jahren als inspirierende historische Referenzen neu untersucht werden.

MK

→ **Jacek Damięcki, Makro-Installation *The Cloud*, Warschau, 1994.**
Zum 50. Jahrestag des Warschauer Aufstandes über den Plac marsz. Józefa Piłsudskiego gespannter großflächiger Stoff.
[Archiv Jacek Damięcki, mit freundlicher Genehmigung]

↓↘ **Jacek Damięcki, Makro-Installation *The Walkway*, 1975.**
Installation zum 30. Jahrestag der Befreiung Warschaus auf dem Warschauer Plac marsz. Józefa Piłsudskiego.
[Archiv Jacek Damięcki, mit freundlicher Genehmigung]

FORSCHUNG

Auf dem Gebiet der Architektur war die Forschung ein frühes Werkzeug politischen Engagements, das den Horizont der Disziplin zu erweitern vermochte. Interdisziplinäre Forschungsinstitute, die als Reaktion auf eine steigende Nachfrage nach Massenwohnungsbau, Standardisierung und Stadtplanung geschaffen worden waren, bildeten einflussreiche, wenngleich oft marginale Kreise abseits der gängigen Formen von Wissensproduktion. Sie dienten auch als intellektuelle Rückzugsorte für systemkritische Architekten. Einige der führenden Protagonisten auf regionaler Ebene fungierten in postkolonialen Staaten und Entwicklungsländern als Vermittler mitteleuropäischer Kompetenz und nutzten die damit verbundenen Möglichkeiten zu Reisen, Forschung und geistiger Freiheit.

RESEARCH

Research was an early instrument of political engagement in architecture, expanding disciplinary horizons. Interdisciplinary research institutes established to address new demands of mass housing, standardization and urban planning created influential, though often marginal loops outside dominant narratives of production of knowledge. They also served as intellectual retreats for dissident architects. Some of the leading protagonists of the regional scene acted as ambassadors for a Central European competence in developing and postcolonial countries, utilizing possibilities for travel, research and intellectual freedom.

FORSCHUNG

Arbeitsgruppe Zagreb

Die jugoslawische CIAM-Gruppe, gegründet 1932 von Ernest Weissmann

Ort:
- ZAGREB

Zeit:
- 1932-1934

Die Radna Grupa Zagreb – RGZ (Arbeitsgruppe Zagreb) war eine kurzlebige jugoslawische CIAM-Gruppe. Sie wurde 1932 auf Initiative von Ernest Weissmann, einer renommierten Figur im europäischen Architekturdiskurs vor dem Zweiten Weltkrieg, von jungen Zagreber Architekten gegründet.

Weissmann begründete ein Kollektiv aus Personen mit unterschiedlichen Hintergründen und Interessen: Avantgarde-Architekten und -Künstler (Josip Seissel), Designer, Stadtplaner (Vladimir Antolić, Josip Pičman) und Techniker (Viktor Hečimović, Zvonimir Kavurić, Bogdan Teodorović). Die RGZ nahm an Architekturwettbewerben teil und erstellte für den 4. CIAM-Kongress an Bord der "Patris" eine kritische Studie zu den Lebensbedingungen in Zagreb, die als neue Form architektonischen Engagements und Aktivismus auch in Zagreb präsentiert wurde. Die Gruppe erarbeitete eine eigene, alternative Version der Charta von Athen, die die Abschaffung von privatem Grundbesitz und einen wissenschaftsbasierten Zugang zu Architektur forderte.

Kurz nach dem 4. CIAM-Kongress löste sich die Gruppe auf; ihre Mitglieder arbeiteten aber weiter zusammen. Nach dem Krieg setzten Antolić und Weissmann ihre Karrieren bei der UN fort.

MM

↑ **Ernest Weissmann, Zagreb 1931.**
[Sammlung Bogdan Rajakovac, mit freundlicher Genehmigung von Vladimir Mattioni]

↑→ **Ernest Weissmann, Universitätsklinik Zagreb, Wettbewerbsprojekt, 1. Preis, 1930-31.**
[Sammlung Bogdan Rajakovac, mit freundlicher Genehmigung von Vladimir Mattioni]

← **RGZ, Komplex der Land- und Forstwirtschaftlichen Fakultät, Zagreb, 1932-40.**
[Foto: Ante Roca]

FORSCHUNG

Funktionelles Warschau

Das Büro für die Warschauer Regionalplanung und der polnische CIAM

Ort:
- WARSCHAU

Zeit:
- 1934

Ab 1930 untersuchten Jan Chmielewski und sein Team mit Hilfe von Entwurfsmustern aus der Natur für das Büro der Warschauer Regionalplanung die räumlichen Beziehungen zwischen Warschau und seiner Umgebung.

Der polnische CIAM-Vertreter Szymon Syrkus sah, dass Chmielewskis Ansatz zum internationalen Durchbruch führen konnte. Das Manifest *Functional Warsaw (Warszawa Funkcjonalna)* wurde erstmals am 20. Mai 1934 auf der CIRPAC-Konferenz der CIAM am RIBA in London präsentiert. Die bahnbrechende Studie der Stadt als funktionelle Region prägte den Begriff der urbanisierten Region zur Beschreibung der Verbreitung städtischer Funktionen auf eine gesamte Region. Die Analyse konstanter Faktoren – wie geografische Lage, Klima, Geomorphologie und Hauptverkehrsachsen – ermöglichte die Ausarbeitung eines funktionellen Schemas für die räumliche und zeitliche Stadtentwicklung, basierend auf Knotenpunkten und radialen Achsen.

Die Studie wurde vom CIAM als vorbildlich empfohlen und weltweit von Fachleuten gewürdigt, darunter Le Corbusier, Sigfried Giedion, Walter Gropius, Ernest Weissmann und Josep Lluís Sert. Ihre Ideen wurden angewandt, bis Warschau im Zweiten Weltkrieg fast zur Gänze zerstört wurde. Zum Wiederaufbau wurden erhaltene Dokumente herangezogen, was den polnischen Stadtplanern 1946 gesteigerte Beachtung beim internationalen Forum des Wohn- und Städtebaukongresses in Hastings brachte.

MK

↑ **Der Warschauer Stadtpräsident Stefan Starzyński (rechts stehend) erläutert bei er Eröffnung der Ausstellung "Das Warschau der Zukunft" am 28. 3. 1936 dem polnischen Präsidenten Ignacy Mościcki und der Regierung die Pläne für die Erweiterung Warschaus.**
An der Wand sind Grafiken aus *Warszawa Funkcjonalna* zu sehen.
[Archiv des Ilustrowany Kurier Codzienny – Illustrated Daily Courier]

→ **Katalog zur Ausstellung "Das Warschau der Zukunft" im Nationalmuseum in Warschau 1936.**

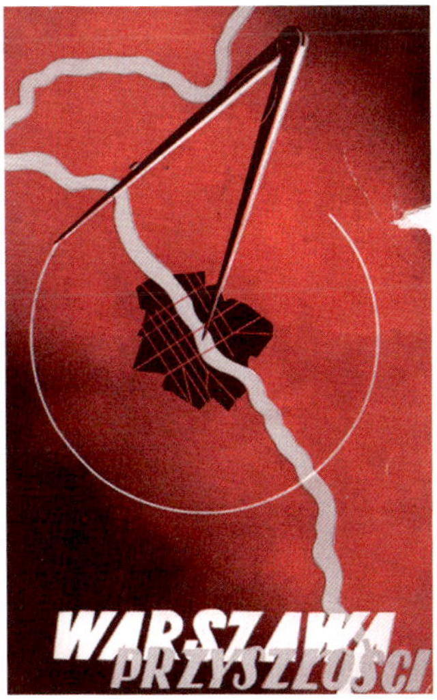

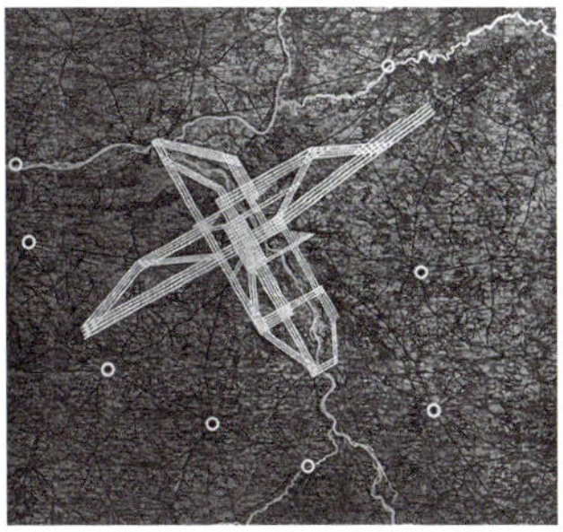

↑ **Das funktionelle Warschau als aktives städtisches System: Schema des Großraums von Warschau.**
[Jan Chmielewski, Szymon Syrkus, *Warszawa Funkcjonalna*, Grafik Jerzy Hryniewiecki, Warschau 1934]

FORSCHUNG

VÚVA

Das Forschungsinstitut für Bauwesen und Architektur

Orte:
- PRAG, BRÜNN, BRATISLAVA

Zeit:
- 1954-1994

Die Gründung des *Forschungsinstituts für Bauwesen und Architektur (Výzkumný ústav výstavby a architektury – VÚVA)* im Jahr 1954 war eine Folge der sozialpolitischen Situation der Tschechoslowakei nach dem kommunistischen Putsch von 1948. VÚVA entstand aus der Notwendigkeit, die staatliche Bauindustrie zu industrialisieren und neue Standards für den Massenbau zu setzen. Ein weiteres Ziel war es, den Prozess der theoretischen und experimentellen Forschung zu institutionalisieren.

In den 1950er Jahren publizierte das Institut eine Reihe von Handbüchern für Gebäudeplaner, welche sich an einflussreichen internationalen Quellen orientierten. Bezeichnenderweise und paradoxerweise stammte die Mehrzahl der Beiträge von Autoren und Autorinnen aus dem Westen; Tschechen und Slowaken konnten zu akademischen Zwecken in den Westen reisen, selbst während der rigiden 1950er Jahre. Das Institut war an dem umfangreichen Überblickswerk beteiligt, das auf der in Polen formulierten Schwellentheorie und dem von Walter Christaller entwickelten System der zentralen Orte beruhte.

Während die theoretischen Konzepte von VÚVA einen bedeutenden Beitrag zu den neu errichteten sozialistischen Städten leisteten, wurden viele der Forschungsergebnisse nicht konsequent angewandt. Dazu erlangte das Institut in praktizierenden Architektenkreisen nie genügend Ansehen. VÚVA wurde im Jahr 1994 ersatzlos geschlossen.

MŽ

↑ **Von 1952 bis 1957 gab VÚVA zahlreiche Publikationen über die Ökonomie, Zusammensetzung und Organisation städtischer Strukturen heraus. Hier: Analyse von Handelswegen im Mittelalter.**
[Dušan Riedl, Vývoj měst v Čechách a na Moravě. Nástin vývoje politického a hospodářského, Brünn 1954]

..Dům se otáčí za sluncem a je vytápěn sluneční energií... (8. tř., dívka) – Znojmo.

← **Zum 1979 von der UNESCO ausgerufenen Jahr des Kindes startete VÚVA ein Forschungsprojekt, das auch Wohn-Ideen von Kindern beinhaltete. Kinder waren aufgefordert, ihre Vorstellung vom idealen Bauen und Wohnen zu beschreiben und zu zeichnen.**
"Das Haus dreht sich zum Licht und wird von der Sonne geheizt" (14-jähriges Mädchen aus Znaim).
[Václav Kasalický, Antonín Sum, Lenka Žižková, Jak bych chtěl bydlet. Názory dětí na životní prostředí, Prag 1979]

FORSCHUNG

Städtebau als Entwicklungshilfe

Polnische Experten im weltweiten Einsatz als Berater

Piotr ZAREMBA, Studien- und Forschungsworkshops, Planungskurse:
- MEXIKO 1979, 1980, 1981
- THAILAND 1979, 1984
- CHINA 1985, 1986, 1988
- Internationale Graduiertenkollegs in Stadt- und Regionalplanung für Entwicklungsländer an der Technischen Universität SZCZECIN, 1966-1996

Experte und Berater für Raumplanung:
- Bautenministerium, PJÖNGJANG, NORDKOREA, 1954-1956
- Stadtplanungsministerium, HANOI, VIETNAM, 1959
- Planungsministerium, BAGDAD, IRAK, 1972-1975
- Wohnbauministerium, DUBAI, VEREINIGTE ARABISCHE EMIRATE 1972, 1975
- International Union of Local Authorities (IULA), DEN HAAG, NIEDERLANDE, 1977

Chefdesigner und Berater bei urbanen und regionalen Planungen:
- HANGZHOU, ZHUHAI, YANTAI, CHONGJING, CHINA
- MUSAN, NORDKOREA
- BAGDAD, BASRA, MOSSUL, IRAK
- HAI PHÒNG, VIETNAM
- Großraum BOMBAY (MUMBAI), INDIEN
- MAMOU, GUINEA
- LA PAZ, MEXIKO

Basierend auf den Modernisierungspraktiken, die im Mitteleuropa der Nachkriegszeit umgesetzt wurden, begründeten polnische Stadtplaner eine neue Schule des Städtebaus. Nach dem Zweiten Weltkrieg ermöglichte die Notwendigkeit des Wiederaufbaus und die rapide Industrialisierung die Entwicklung innovativer Planungstheorien und -methoden in großem Maßstab, wie zum Beispiel die Schwellenanalyse oder die Theorie der "gelenkten Stadtplanung".

Die Vorschläge polnischer Stadt- und Regionalplaner fanden auch im Ausland Anerkennung, was zu zahlreichen Beratungsprojekten, Seminaren und Ausbildungsaktivitäten weltweit führte. Seit den 1960er Jahren agierten sie nicht nur im Rahmen der sozialistischen Hilfe für blockfreien Staaten, sondern auch als internationale Experten. In der Folge arbeitete eine Gruppe internationaler Planer mit der UN zusammen, darunter Piotr Zaremba (1910-1993), erster polnischer Rektor der Technischen Universität Szczecin (Stettin). Als Leiter des Studiengangs Stadt- und Regionalplanung für Entwicklungsländer unterrichtete er die Anwendung der erarbeiteten Planungsmethodologien unter verschiedenen Bedingungen, einschließlich Studien zu den Tropen und ganzheitlicher Umsetzungsplanung. Zaremba war ein wichtiger Berater für den ersten Regionalplan der Provinz Hangzhou, den Leitbericht zur Stadtplanung von Shanghai und die planerischen Leitlinien für Städte in Thailand, dem Irak, Libyen, Korea und Mexiko.

PB, AGz

→ **1954 wurde Zaremba Leiter des polnischen Städtebau-Teams in Nordkorea, einer Gruppe von Spezialisten, die einen Entwicklungsplan für die Stadt Chongjin projektieren sollten. Während seines Aufenthalts in Nordkorea hielt Zaremba Vorlesungen an der Universität Pjöngjang.**
[mit freundlicher Genehmigung der Familie Zaremba]

← **Piotr Zaremba beim Unterricht in China, 1984.**
[mit freundlicher Genehmigung der Familie Zaremba]

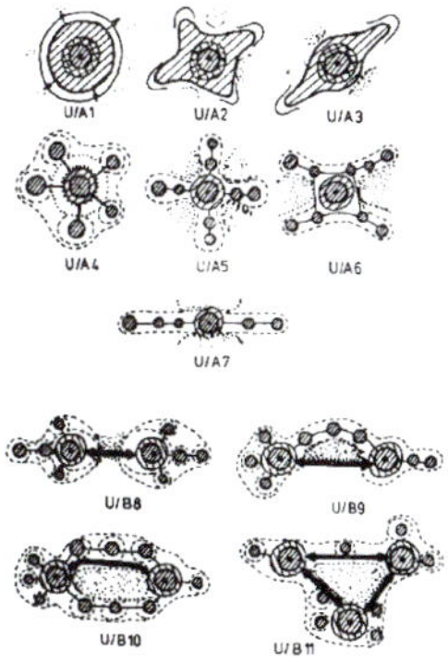

→ **Der ganzheitliche Ansatz der Methodologie zeigt sich in diesem Schema aus Zarembas Buch *Urban ecology in Planning*, 1986.**
[Urban Ecology in Planning, Breslau 1986]

FORSCHUNG

IMS Žeželj

Typologien und Technologien des Instituts für Werkstoffprüfung

Orte und Zeiten:
- BELGRAD, JUGOSLAWIEN 1958-1990
- PÉCS, UNGARN 1970er Jahre
- TIFLIS, GEORGIEN (UdSSR) 1970er Jahre
- LUANDA, ANGOLA 1976-1979
- KAIRO, ÄGYPTEN 1980-1984
- HAVANNA, KUBA 1970-1976
- tropische und subtropische Zonen AFRIKAS 1980-1985
- GROSSBRITANNIEN und USA 1986-1992

In Jugoslawien entwickelte das *Institut za ispitivanje materijala NR Srbije* (Institut für Werkstoffprüfung der SR Serbien) IMS das System IMS Žeželj mit vorgefertigten Spannbetonelementen als tragende Konstruktion. Die Entwicklung wurde staatlich gefördert mit dem Ziel, das Bauwesen zu industrialisieren. Das System wurde einer der wichtigsten Motoren der jugoslawischen Wirtschaft für Austausch, Ausbildung, Entwicklungshilfe und Export in Ostblock-Länder wie auch in neutrale und westliche Staaten.

In den 1960er Jahren führten erweiterte Anwendungsmöglichkeiten des Systems, das vor allem für große Wohnanlagen u.a. für die jugoslawische Volksarmee (JNA) und die Stadt Belgrad eingesetzt wurde, zu einer Vielzahl von Programmen und Forschungen. Zahlreiche Anwendungen wurden an der Abteilung 10 des IMS, dem späteren IMS-Wohnbauzentrum, entwickelt, dessen Erfahrungen auch in internationalen Austauschprogrammen weitergegeben wurden. IMS Žeželj eignete sich besonders für den Einsatz in so genannten "Übergangszuständen der technischen Entwicklung". Das IMS-Wohnbauzentrum entwickelte verschiedene experimentelle Gebäude, anhand derer Bauunternehmen vor Ort praktische Erfahrungen sammeln konnten. Die Nutzung für Einfamilienhäuser und Schulen in den 1980er Jahren führte zur Entwicklung der experimentellen CAAD-Systeme GIMS 100, GIMS Expert und GIMS DDS, die den Einsatz von CAD im Entwurf revolutionierten.

JG, JJ

↑ **Block 23, Hochhaus und liegender Block, Novi Beograd, Entwurf Aleksandar Stjepanović, Branislav Karadžić, Božidar Janković, 1969-76.**
[Privatarchiv Aleksandar Stjepanović]

→ **Modell eines Experimentalbaus im IMS-Vorfertigungssystem in Luanda, Angola, Entwurf Ivan Petrović, Mitarbeit Ljubinka Nedić und Aleksandar Drndarski, Modell Mirko Radaković, Belgrad 1978.**
[Privatarchiv Ivan Petrović, mit freundlicher Genehmigung von Konstantin Petrović]

TRANSFERS

Die territoriale Bedeutung von Transfers ist grundlegend in der Geschichtstheorie. Export und Import von Wissen, Wertesystemen, Patenten und Technologien beinhalten mehrdimensionale Prozesse, die meist dank der Vernetzung und Interaktion Dritter stattfinden können, zum Beispiel in postkolonialen Kontexten oder Generationen-Netzwerken. Auf diese Weise dehnte sich die Geopolitik des Austausches auf reelle und imaginäre Orte, quer durch nationale und politische Zugehörigkeiten, aus.

TRANSFERS

The territorial nature of transfers is a basic thesis of history. However, exporting and importing knowledge, value systems as well as patents and technologies were multidimensional processes that often took place in third party settings and by mediators, such as post colonial contexts or generational networks. Thus the geopolitics of exchanges expanded to real and imagined places across national and political affiliations.

TRANSFERS

Baťa-Städte

Der weltweite Export der Moderne

Orte und Zeiten:
TSCHECHOSLOWAKEI:
- ZLÍN, ÖSTERREICH-UNGARN, heute TSCHECHIEN 1894
- BAŤOV, heute OTROKOVICE, TSCHECHIEN 1930
- BOŠANY, heute SLOWAKEI 1931
- TŘEBÍČ-BOROVINA, heute TSCHECHIEN 1933
- BATIZOVCE, heute SVIT, SLOWAKEI 1934
- NOVÉ ZÁMKY, heute SLOWAKEI 1935
- NAPAJEDLA, heute TSCHECHIEN 1936
- LIPTOVSKÝ MIKULÁŠ, heute SLOWAKEI 1938
- BAŤOVANY, heute PARTIZÁNSKE, SLOWAKEI 1938
- VELKÝ DVŮR, SEZIMOVO ÚSTÍ, heute TSCHECHIEN 1939
- ZRUČ NAD SÁZAVOU, heute TSCHECHIEN 1939

DEUTSCHLAND: OTTMUTH, heute OTMĘT, POLEN 1931
POLEN: CHEŁMEK 1931
SCHWEIZ: MÖHLIN 1932
JUGOSLAWIEN: BOROVO, heute BOROVO NASELJE, KROATIEN 1932
FRANKREICH:
- BATAVILLE, HELLOCOURT 1932
- BATAVILLE, VERNON 1932
- NEUVIC, DORDOGNE 1939

NIEDERLANDE: BATADORP, BEST 1933
GROSSBRITANNIEN:
- EAST TILBURY, ESSEX 1933
- MARYPORT, CUMBRIA 1940

UNGARN: MARTFŰ 1939
KONGO: LEOPOLDVILLE, heute KINSHASA 1937

Noch heute findet sich auf der ganzen Welt das immense architektonische Erbe des tschechischen Schuh-Tycoons Tomáš Baťa. Baťa bediente sich der Konzepte des frühen 20. Jahrhunderts – u.a. Fordismus, Sozialismus und Gartenstadt – im Sinne seiner Mission, "Schuhe für die Welt" zu liefern. Das tschechische Zlín war Sitz der Firmenzentrale, Hauptstandort der Produktion und Testgelände für weitere Unternehmensstädte.

Ab 1920 plante František Lydie Gahura zahlreiche Bauten für Baťa, von 1930 bis 1946 war Vladimír Karfík Leiter der Planungsabteilung. Mitte der 1930er Jahre besuchte Le Corbusier Zlín, um an urbanistischen Planungen für Baťa mitzuarbeiten. Nach den architektonischen Prinzipien der Moderne wurde das Modell einer "idealen Industriestadt" entwickelt. Der Prototyp bestand aus mehreren Zonen: der Fabrikzone, Wohnquartieren, öffentlichen Grünräumen sowie sozialer und Verwaltungs-Infrastruktur. Wie die Schuherzeugung hing die Städteplanung vom komplexen Zusammenspiel mehrerer Komponenten ab, mit den wichtigsten Elementen Stadtplanung, Architektur, Sozialwissenschaft, Kommunikation und der Produktion selbst. Charakteristisch für alle Baťa-Städte war ein corporate style, basierend auf identischen standardisierten Typologien mit einem Modul von 6,15 × 6,15 m. Das Baťa-Imperium war schließlich ein Netzwerk von 75 vom modernen Lebensstil der Angestellten geprägten Städten auf der ganzen Welt.

MB

ÄGYPTEN:
- EL MANSHEYA 1938
- ALT-KAIRO 1943
- MAFROUZA 1947

SIMBABWE: GWELO, heute GWERU 1939
MAROKKO: CASABLANCA 1939
KENIA: LIMURU 1939
SENEGAL: DAKAR 1940
SÜDAFRIKA:
- PINETOWN 1973
- LOSKOP 1977

INDIEN:
- PEENYA, KARNATAKA 1931
- BATAGANJ, BIHAR 1931
- KONNAGAR, WEST BENGAL 1931
- BATANAGAR, WEST BENGAL 1934
- FARIDABAD, HARYANA 1952
- MOKAMEHGHAT HATHIDAH, BIHAR 1952
- BATASHATAK, TAMIL NADU 1992

MALAYSIA: KLANG 1935
INDONESIEN:
- KALIBATA 1938
- PURWAKARTA 1994

SINGAPUR: 1939
IRAK: BAGDAD 1940
VIETNAM: HAI PHÒNG 1940
PHILIPPINEN: MANILA 1941
PAKISTAN: BATAPUR 1942
USA: BELCAMP, MARYLAND 1936
KANADA: BATAWA, ONTARIO 1939
PERU:
- LIMA 1939
- CHOSICA 1960

CHILE:
- PEÑAFLOR 1939
- MELIPILLA 1960
- MAIPÚ 1960

HAITI: PORT-AU-PRINCE 1940
GUATEMALA: 1940
BOLIVIEN: QUILLACOLLO 1940
BRASILIEN:
- BATATUBA, SÃO PAULO 1941
- MARIAPOLIS, SÃO PAULO 1941
- BATAGUASSU, MATO GROSSO DO SUL 1953
- BATAYPORA, MATO GROSSO DO SUL 1953

MEXIKO: SANTA ISABEL 1958

↑ **Die Baťa-Stadt Zlín.** [Mährisches Landesarchiv Brünn, Zweigstelle Zlín]

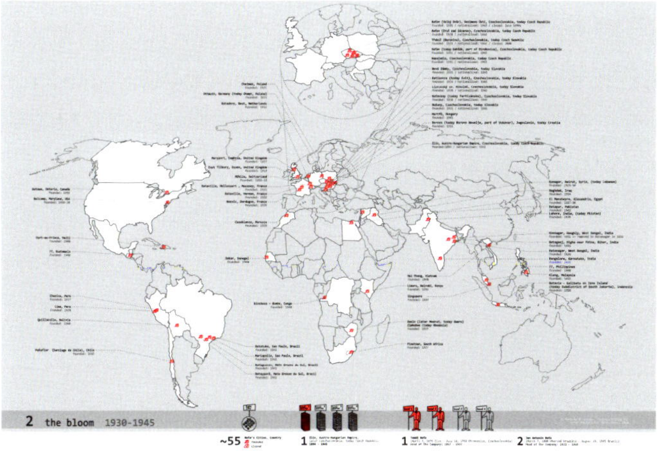

↑ **Geopolitische Weltkarte des Baťa-Konzerns.** [Markéta Březovská, 2010]

TRANSFERS

Brasilianische Kreise

Internationale Emigrantenkreise in Brasilien

Ort:
• BRASILIEN

Zeit:
• 1930-1970

Vor dem Zweiten Weltkrieg wurde Brasilien ein Treffpunkt von Emigranten aus Europa. Architekten und Ingenieure aus Mitteleuropa und Italien, meist jüdischer Herkunft, bauten im Exil wichtige transkulturelle und interdisziplinäre Netzwerke auf. Die Kompetenz der Emigranten, die nicht zuletzt auf ihrer Bildung, Vertrautheit mit neuen Technologien und Materialien sowie ihrer Fähigkeit, unterschiedliche Raster einfach zu modifizieren, beruhte, förderte ihre Akzeptanz in örtlichen Fachkreisen. Außerdem wurde moderne Architektur zunehmend wichtig für die Selbstdarstellung des Regimes des Estado Novo (1937-45).

Die Auswirkungen der in Brasilien entwickelten Konzepte zur internationalen Moderne waren für den globalen Süden viel bedeutender als ursprünglich angenommen. Bedeutende Architekten in Brasilien waren u.a. Francisco Beck, Bernard Rudofsky, Lucjan Korngold, Jorge Załszupin, Alfred Düntuch, Adam Eichenwald, Victor Reif und Gregori I. Warchavchik. Der Wiederaufbau der Netzwerke betraf nicht nur Architekten- und Ingenieurkreise, sondern auch deren Subunternehmer und Auftraggeber. Die europäischen Migrantenkreise beeinflussten selbst externe Netzwerke, wie Ludwig Mies van der Rohes Besuch nach der Fertigstellung von Korngolds Edifício Thomas Edison, einem Wahrzeichen von São Paulo, bezeugt.

PB, GR

→ **Adam Eichenwald, Einfamilienhaus in Rio de Janeiro, 1953.**
[Architektura Nr. 9/1959]

↑ **Lucjan Korngold und Piotr Lubiński, Villa Łepkowski, Warschau, 1935.**
Ein Beispiel für Korngolds radikales Schaffen der Vorkriegszeit.
[Foto: Piotr Bujas]

→ **Lucjan Korngolds erstes Werk als selbstständiger Architekt in Brasilien, das CBI-Esplanada-Gebäude, 1947-50.**
[Architektura Nr. 8/1957]

TRANSFERS

Die dänische Gruppe in Ungarn

Ein informell-professionelles Netzwerk, das sich aus den Wirren der Geschichte entwickelte

Orte:
- BUDAPEST und DÄNEMARK

Zeit:
- 1945

Als sich 1944 die sowjetische Armee dem NS-verbündeten Ungarn näherte, wurde eine ganze Klasse der Budapester Technischen Universität, samt Studierenden, Professoren und Mitarbeitern, insgesamt 1.600 Personen, in Zügen außer Landes gebracht. Das Ziel war, eine ganze Generation von Ingenieuren zu retten, um mit ihnen nach dem Krieg das Land wieder aufzubauen. Der Unterricht wurde auf der langsamen Reise nach Deutschland fortgesetzt, bis die Architekten und Bauingenieure schließlich in Wrocław (Breslau) bleiben konnten. Nachdem man dann Anfang 1945 vor der sowjetischen Invasion zu Fuß weiter nach Halle fliehen musste, endete ein Großteil der Studenten in Dänemark als Kriegsgefangene.

Sobald die Möglichkeit bestand, arbeiteten die Studenten in dänischen Architekturbüros (z.B. Zoltán Farkasdy bei Benedix und Klein und später bei Jørn Utzon, György Jánossy bei Ole Falkentorp). Schließlich kehrten die meisten wieder zurück nach Budapest. Dort nahmen sie bedeutenden Einfluss auf die Entwicklung einer spezifisch regionalistischen Richtung der ungarischen Nachkriegsmoderne mit häufigen Bezugnahmen auf die dänische Moderne und ihre Materialverwendung. Obwohl offiziell nie so benannt, blieben die "dänischen" Architekten während ihrer Karrieren ein enges Netzwerk. Nicht selten hatten sie leitende Funktionen in Architekturbüros und staatlichen Institutionen inne.

SSze

→ **Zoltán Farkasdy, Krankenhaus Dunaújváros, 1956-64.**
In Dänemark arbeitete Farkasdy im Büro Benedix und Klein, später bei Jørn Utzon. 1951 war er Gründungsmitglied der Vereinigung ungarischer Architekten.
[Közti Archiv]

↓ **Lajos Zalaváry, Thermalbad Jászberény, 1958.**
Zalavary arbeitete bei György Várhelyi in Stockholm und bereiste Dänemark, bevor er nach Budapest zurückkehrte und ein einflussreicher Designer und Architekt wurde.
[Közti Archiv]

→ **György Jánossy, István Czebe, Wasserturm Gödöllő, 1955.**
Jánossy blieb nach einer Studienreise auf Einladung des Svenska Institut in Schweden, wo er bei György Várhelyi arbeitete. Später war er im Büro von Ole Falkentorp in Kopenhagen, bevor er nach Ungarn zurückkehrte und ein angesehener Designer wurde.
[Közti Archiv]

TRANSFERS

Designed for Modern Living

Die Fertighaus-Mustersiedlung Veitingergasse in Wien

Ort:
• WIEN

Zeit:
• 1954

Im Jahr 1954 entwarfen Roland Rainer, der sich in seinen Büchern wie *Die Behausungsfrage* stark auf Josef Frank, aber auch auf den Wohnbau der Niederlande und Skandinaviens bezog, und Carl Auböck, Sohn am Bauhaus ausgebildeter Eltern und gerade von einem Studienaufenthalt am MIT in Boston zurückgekehrt, gemeinsam eine auf Auböcks Bostoner Entwürfen aufbauende ambitionierte Modellhaussiedlung in Wien.

Die bewusst gegenüber der 1932 gebauten Werkbundsiedlung gelegene Siedlung wurde von der US-Wirtschaftskommission initiiert und vom im Rahmen des Marshall-Plans 1950 gegründeten Österreichischen Produktivitäts-Zentrum finanziert. Sie umfasste 15 Sperrholz-Fertighäuser, basierend auf einem Raster von 1 x 1 m, mit Klimatisierung und "amerikanischen" offenen Grundrissen, die in achteinhalb Stunden aufgestellt werden konnten. Die Bungalows sollten aus einem komplexen Katalog von Grundrissmodulen, Oberflächen, Materialien und zahlreichen Extras bis hin zur Gartenbepflanzung individuell zusammengestellt werden. Die mit dem englischen Slogan "Designed for modern living" beworbenen Prototypen wurden von Medien und Bevölkerung als "Baracken" geschmäht und gingen nie in Produktion.

IM

→ **Roland Rainer und Carl Auböck erläutern das Modell der Siedlung, 1954.** [mit freundlicher Genehmigung des carl auböck archivs]

↓ **Gartenansicht eines Hauses.** [mit freundlicher Genehmigung des Rainer-Archivs]

TRANSFERS

Split 3

Eine Zusammenarbeit von slowenischen Stadtplanern und Architekten aus Split

Ort:
- SPLIT

Zeit:
- 1968-1978

Städtebauliche Planung:
- Vladimir Braco MUŠIĆ
- Marjan BEŽAN
- Nives STARC

Architektur:
- Ivo RADIĆ
- Frano GOTOVAC
- Dinko KOVAČIĆ
- Danko LENDIĆ
- Ante SVARČIĆ
- Mihajlo ZORIĆ
- Marjan CERAR

Das Großwohnbauprojekt Split 3 war beeinflusst von amerikanischen Städtebautheorien der 1960er Jahre und internationalen Trends zu Megastrukturen. Das unweit der historischen Altstadt gelegene Wohnquartier wurde nach einem Wettbewerbssieg vom slowenischen Team um Vladimir Braco Mušič, Marjan Bežan und Nives Starc geplant.

Mušič, der Leiter der Gruppe, hatte sein Studium 1964 an der Harvard Graduate School of Design abgeschlossen und war 1966-72 einer der Leiter eines amerikanisch-jugoslawischen Stadt- und Regionalforschungsprojektes. Mušičs amerikanische Erfahrungen beeinflussten das Konzept von Split 3, das Fußgängerstraßen zwischen Großwohnblocks vorsah.

Führende Spliter Architekten arbeiteten bei den Entwürfen der Wohnblocks zusammen, die so bei gleichen urbanistischen Parametern verschieden gestaltet waren. Insbesondere gelang es, zwischen klein- und großmaßstäblichen Strukturen zu vermitteln und so die Anforderungen rapider Urbanisierung mit dem Bewahren eines mediterranen Ambientes zu verbinden. Obwohl Split 3 nur teilweise gebaut wurde, fand es internationale Beachtung und beeinflusste die nächste Generation jugoslawischer Wohnsiedlungen.

MM

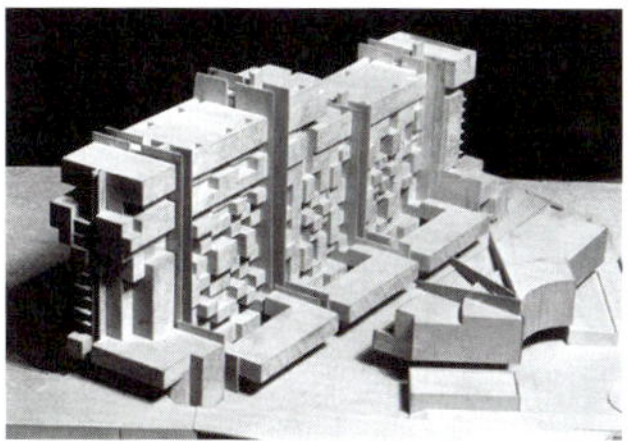

↑ **Frano Gotovac, Wohnblock "Kreuzfahrtschiff", ulica Ruđera Boškovića (Wohnstraße S-3/1), Split 3, 1969-72.**
[mit freundlicher Genehmigung von Vesna Perković Jović]

↑ **Dinko Kovačić, Bebauung ulica Dinka Šimunovića (Wohnstraße S-3/3), Split 3, 1969-76.**
[Foto: Wolfgang Thaler]

→ **Vladimir Braco Mušič, Marjan Bežan, Nives Starc, Split 3, preisgekrönter Wettbewerbsentwurf, 1968.**
[mit freundlicher Genehmigung von Višnja Kukoč]

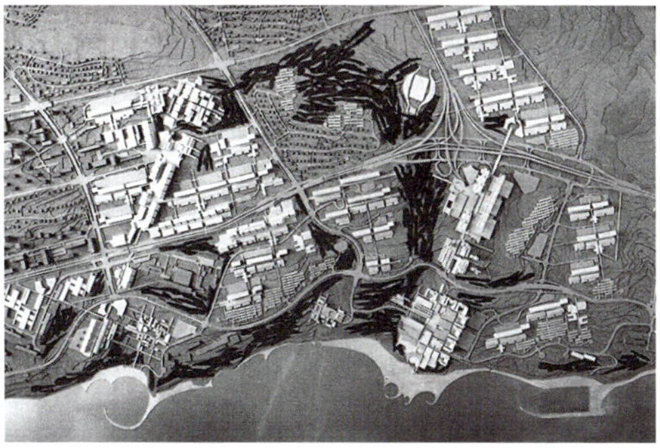

TRANSFERS

PP PKZ

Die Staatlichen Werkstätten für Denkmalpflege

Orte und Zeiten:
- Gründung: WARSCHAU 1950
- TSCHECHOSLOWAKEI ab 1970
- JUGOSLAWIEN ab 1977
- UdSSR – TALLINN, RIGA, VILNIUS, MOSKAU 1970er-1980er Jahre
- ALGERIEN, KAMBODSCHA, SYRIEN, VIETNAM 1980er Jahre

Die Staatlichen Werkstätten für Denkmalpflege (PP PKZ) wurden 1950 gegründet, um im Zweiten Weltkrieg beschädigte und zerstörte Baudenkmale in Polen wiederaufzubauen, zu restaurieren und zu bewahren. Sein Tätigkeitsbereich umfasste die Erhaltung einzelner Kunstwerke und Denkmale bis hin zu ganzen Stadtgebieten.

Die Institution zeichnete sich durch die gewissenhafte, ganzheitliche Vorgehensweise ihrer erfahrenen und qualifizierten Mitarbeiter, gepaart mit wissenschaftlicher Forschung, aus. Die weltweite Wertschätzung der hochqualifizierten Arbeit des PP PKZ zeigte sich auch darin, dass polnische Spezialisten im Auftrag der UNESCO und im Rahmen bilateraler Abkommen in andere Länder wie die Tschechoslowakei, Jugoslawien, die UdSSR, die DDR, die Bundesrepublik Deutschland, Algerien, Kambodscha, Ägypten, Syrien und Vietnam entsandt wurden. Dabei reichten ihre Aufgaben von Beratung bis zu Forschung und Lehre.

AG

↑ **Präsident Husni Mubarak und Kulturminister Farouk Hosny bei der Eröffnung der oberen Terrasse des Hatschepsut-Tempels, Deir el-Bahari, 2002.** Polnische Archäologen und Restauratoren arbeiteten zwischen 1961 und 2002 am Hatschepsut-Tempel. [Foto: Maciej Jawornicki, aus: 70 Years of Polish Archeology in Egypt]

← **Ruinen der Altstadt in Warschau, 1945.** Während des Warschauer Aufstands wurden die meisten Gebäude der Altstadt zerstört; nur bei wenigen Gebäuden war eine Restaurierung möglich. [Narodowe Archiwum Cyfrowe, Warschau]

TRANSFERS

Energoprojekt

Der Bau einer blockfreien Moderne – jugoslawische Baugesellschaften und das dekolonisierte Afrika

Orte, Zeiten und Architekten:

- Konferenzzentrum "Mulungushi Hall", Dušan MILENKOVIĆ, LUSAKA, SAMBIA 1970
- Konferenzzentrum mit Hotel, Dušan MILENKOVIĆ, Aleksandar KEKOVIĆ, KAMPALA, UGANDA 1970-71
- Ministeriumskomplex, Milica ŠTERIĆ, Zoran BOJOVIĆ, Vladimir DOBROVIĆ, Milan PETROVIĆ, KANO, NIGERIA 1970-78
- JUGOSLAWISCHE BOTSCHAFT, Dušan MILENKOVIĆ, Branka KUMANUDI, Konstantin MANDIĆ, LUSAKA, SAMBIA 1972-73
- Bürohochhaus "Findeco", Dušan MILENKOVIĆ, LUSAKA, SAMBIA 1972-76
- "Omni Sport"- Komplex, Zoran BOJOVIĆ, BANGUI, ZENTRAL-AFRIK. REPUBLIK 1974-75
- Int. Messe, Zoran BOJOVIĆ, LAGOS, NIGERIA 1974-77
- Konferenzhalle, Dušan MILENKOVIĆ, LIBREVILLE, GABUN 1975-76
- Int. Flughafen, Predrag ĐAKOVIĆ, Miodrag CVIJIĆ, ARUA, UGANDA 1977-78
- Rathaus, Radomir STOPIĆ, Mario JOBST, Dušica MAKSIMOVIĆ, LIBREVILLE, GABUN 1977-78
- Konferenzzentrum / Hotel Sheraton, Ljiljana und Dragoljub BAKIĆ, HARARE, SIMBABWE 1983-86
- Hotel Sheraton, Zoran BOJOVIĆ, KAMPALA, UGANDA 1988
- Wohn- und Geschäftskomplex Al Khulafa Street, Zoran BOJOVIĆ, BAGDAD, IRAK 1981-84

Die 1961 in Belgrad gegründete Bewegung der Blockfreien Staaten spielte eine entscheidende Rolle im Prozess der Dekolonisierung in Afrika. Jugoslawien, das einzige europäische Land der Gruppe, errang hierbei eine einflussreiche Position in der UN und konnte wichtige Wirtschaftsbeziehungen knüpfen. Schon bald bauten jugoslawische Baugesellschaften Dämme, Straßen und Gebäude in Sambia, Nigeria, dem Sudan und Gabun.

Mit zeitweise 80 % Projekten im Ausland war die Belgrader Energoprojekt (EP) die größte und meistbeschäftigte. Unter Zeitdruck mussten die Architekten von EP oft für bereits laufende Baustellen planen. Die Bauteile wurden in verschiedenen hochindustrialisierten Betrieben in Jugoslawien hergestellt und zu den Baustellen transportiert. Jugoslawische Baugesellschaften wie Komgrap, Tehnika, Industrogradnja, Smelt und Energoinvest waren weltweit erfolgreich. EP war in mehr als 80 Ländern als Generalunternehmer aktiv, der auch architektonische und urbanistische Planung anbot. Zur Förderung des Austauschs bildete EP joint ventures mit Partnern in afrikanischen Ländern. Jugoslawische Fachleute waren dort auch als technische Berater in Ministerien und stadtplanerischen Einrichtungen tätig.

DS

↑ **Internationale Messe, Lagos, Nigeria, Entwurf Zoran Bojović/Energoprojekt, 1974-77.**
[mit freundlicher Genehmigung von Zoran Bojović]

→ **Konferenzzentrum und Hotel Sheraton, Harare, Simbabwe, Entwurf Ljiljana und Dragoljub Bakić/Energoprojekt, 1983-86.**
[mit freundlicher Genehmigung von Ljiljana and Dragoljub Bakić]

KOLLEKTIVE

Die Nationalisierung von Entwurfsmethoden war ein Versuch, der Architektur Ideologien zu oktroyieren. Außerdem war dies eine Möglichkeit, unterschiedliche Wissensgebiete in einer neuen Art von kollektivem Fachwissen zu verbinden. Die Netzwerke funktionierten aber sowohl organisationsübergreifend als auch über die Staatsgrenzen hinaus. Gemeinschaftliche Arbeit diente dabei der Erweiterung von Strategien und Organisationsmethoden. Dieser Übergang von Reflexion zu Produktion besteht bis heute in den Verbindungen der Architektur-NGOs Mitteleuropas.

COLLECTIVES

Nationalizing design practices was an attempt not only to impose ideologies on architecture, but also a way of concentrating diverse areas of knowledge into a new type of collective expertise. However, networks immediately expanded beyond the organisations and often beyond countries, too, using collective work as a format to expand policies and management methods. This transition from reflecting realities to producing realities lives on in the region in today's architectural NGO circuit.

KOLLEKTIVE

Epizentrum Skopje

Der Wiederaufbau Skopjes zwischen internationalen Ambitionen und lokalen Bedürfnissen

Ort:
- SKOPJE

Zeit:
- 1963

Akteure:
- UN (U THANT)
- Jugoslawische Regierung (Josip Broz TITO)
- UNESCO (Ernest WEISSMANN)
- Polservice (Adolf CIBOROWSKI)
- Doxiadis Associates (Constantinos DOXIADIS)
- Kenzo TANGE + URTEC
- Stadtplanungsinstitut CROATIONA (Radovan MIŠČEVIĆ, Fedor WENZLER)
- Luigi PICCINATO
- VAN DEN BROEK en BAKEMA
- Maurice ROTIVAL
- Edvard RAVNIKAR
- Aleksandar ĐORĐEVIĆ
- MAKEDONIJAPROEKT (Slavko BREZOVSKI)

Am 26. Juli 1963 wurde Skopje von einem starken Erdbeben getroffen, das die Stadt fast zur Gänze zerstörte. Für den Wiederaufbau der mazedonischen Hauptstadt brauchte die finanziell schwache, technisch nicht vorbereitete und politisch isolierte jugoslawische Regierung neutrale, langfristige fachkundige Unterstützung.

Dank der Bemühungen Ernest Weissmanns wurde die UN am 14. Oktober 1963 Partner des Wiederaufbaus und lud in den folgenden Jahren einige der renommiertesten zeitgenössischen Architekten und Stadtplaner ein, ihre Visionen für das Skopje der Zukunft zu präsentieren, u.a. Constantinos Doxiadis, Adolf Ciborowski, Kenzo Tange, Van den Broek en Bakema und Luigi Piccinato. Angesichts der Beteiligung so prominenter Planer erwartete die internationale Fachwelt vom neuen Skopje eine "cité mondiale", die Lösungen für die aktuelle "urban crisis", Therapien für "kranke Städte" und einen Weg zur Humanisierung der gebauten Umwelt bringen sollte. Auch wenn sie großteils nicht erreicht wurden, lösten diese ambitionierten Ziele eine internationale Debatte über die Zukunft der Städte und ihrer Planung aus, die die Definition späterer UN-Projekte bestimmte.

IT

↑→ **Projekt Kenzo Tange + Urtec, 1965.**
[Archiv der Stadt Skopje]

↓ **Projekt Van den Broek en Bakema, 1965.**
[Archiv der Stadt Skopje]

KOLLEKTIVE

Die Adria-Projekte

Die Regionalentwicklung der Adriaküste im sozialistischen Jugoslawien

Ort:
- JUGOSLAWISCHE ADRIAKÜSTE

Zeit:
- 1967-1972

Akteure:
- UNDP (United Nations Development Programme)
- Stadtplanung von KROATIEN, MONTENEGRO, BOSNIEN UND HERZEGOVINA und SLOWENIEN
- Institut für Fremdenverkehrswirtschaft, ZAGREB
- Adolf CIBOROWSKI
- Miro MARASOVIĆ
- Franjo GAŠPAROVIĆ
- Tekne, MAILAND
- Cekop, WARSCHAU
- Shankland Cox & Associates, LONDON
- Vattenbyggnadsbyrån, STOCKHOLM
- O.T.A.M. Tourconsult, ROM
- Urban, PARIS
- O.T.A.M. Tourconsult, PARIS
- Durell Stone Architects, NEW YORK

1963 holte die jugoslawische Regierung im Zuge von Raumforschungen an der Adriaküste die Unterstützung der UN bei der Erarbeitung neuer Entwicklungspläne ein. Aus der Zusammenarbeit gingen zwischen 1967 und 1972, auf dem Höhepunkt der Bauaktivitäten im Tourismusbereich, drei Regionalplanungen hervor: die Projekte Südliche Adria und Obere Adria und der Plan für die Stadt Split.

Die Projekte brachten neue räumliche und ökonomische Modelle, Standards und Normen ebenso wie organisatorische und methodische Fortschritte in der großräumlichen Regionalplanung. Obwohl die interdisziplinären Planungsgruppen von der Vorstellung maximaler Kapazitäten und ungebremsten Wachstums ausgingen, maßen sie in der Zuordnung von Funktionen und Nutzungen auch dem Schutz des Natur- und Kulturerbes große Bedeutung bei. Die Adria-Projekte wurden weltweit als herausragende Beispiele internationaler Zusammenarbeit präsentiert. Eine von der UN gestellte internationale Beratergruppe war Teil aller Projekte, darunter viele Detailplanungen wie die Hotelanlage Babin Kuk bei Dubrovnik. Ein Teil der Anlage ist das von Durell Stone Architects entworfene Hotel President, der erste Bau amerikanischer Architekten in Jugoslawien.

MM, DB

↓ **Leitplan für die Obere Adria, 1970-72.**
Stadtplanungsinstitut der SR Kroatien und Stadtplanungsinstitut der SR Slowenien mit lokalen Fachleuten und dem internationalen Beratungskonsortium Shankland/Cox & Associates, London und O.T.A.M. Tourconsult Paris/Rom unter der Leitung von Franjo Gašparović.
[Coordinating Physical Plan for the Upper Adriatic Region Final Report, Studiensammlung des Archivs der Architekturfakultät, Zagreb]

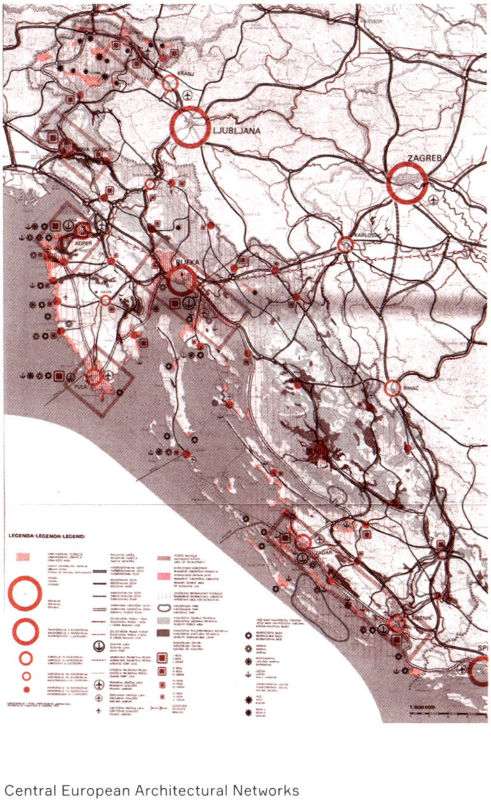

↑ **Tourismuskomplex Babin Kuk, Luftaufnahme mit Hotel President, Entwurf Durell Stone Architects 1972-77.**
[© ccn-images Zagreb]

↑ **Tourismuskomplex Babin Kuk, administrativ-funktionale Organisation.**
[Babin-Kuk – Dubrovnik, brief report, Studiensammlung des Archivs der Architekturfakultät, Zagreb]

KOLLEKTIVE

Frames of the Metropolis

Internationale Symposien und Workshops zur Neustrukturierung postsozialistischer Städte

Ort:
- ZAGREB

Zeit:
- ab 1990

Die zweite Hälfte der 1990er Jahre war in Kroatien eine Zeit großer Erwartungen, aber auch der Stagnation. Mit dem Ende des Bürgerkriegs formte sich eine neue soziale, politische und ökonomische Landschaft, basierend auf parlamentarischer Demokratie und freier Marktwirtschaft. Allerdings führten wirtschaftlicher Niedergang, nationalistische Politik und der allmähliche Zerfall sozialistischer Einrichtungen und gesellschaftlicher Werte zu einem kulturellen Rückschritt. Die Bautätigkeit war schwach, und die Städte, besonders Zagreb, verharrten in Erwartung ihrer Entwicklung und "Metropolisierung", die man sich vom Zustrom ausländischen Kapitals erhoffte.

Als Reaktion auf den radikalen Wandel initiierte das Zagreber Stadtplanungsamt zur Entwicklung neuer Konzepte und Planungsansätze eine Reihe internationaler Seminare in Zusammenarbeit mit einem der führenden europäischen Postgraduate-Zentren, dem Berlage Institut, das damals in Amsterdam war. Die Workshop-Ergebnisse sollten in den Masterplan für Zagreb einfließen, was nicht passierte, aber die *Frames of the Metropolis*-Seminare leisteten einen Beitrag zum architektonischen Diskurs in Kroatien und der Region und leiteten einen Wandel von statischen hin zu offeneren städtebaulichen Methoden ein.

MM

←↓ **Veljko Olujić und Tonči Žarnić mit Iva Letilović und Ivan Rupnik, *Before and After Urbanism*, Studie zu den urbanen Transformationen von Novi Zagreb, 1999.**
[mit freundlicher Genehmigung von Tonči Žarnić]

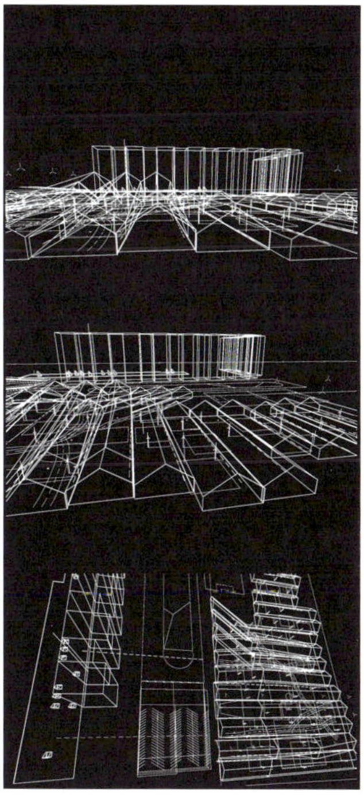

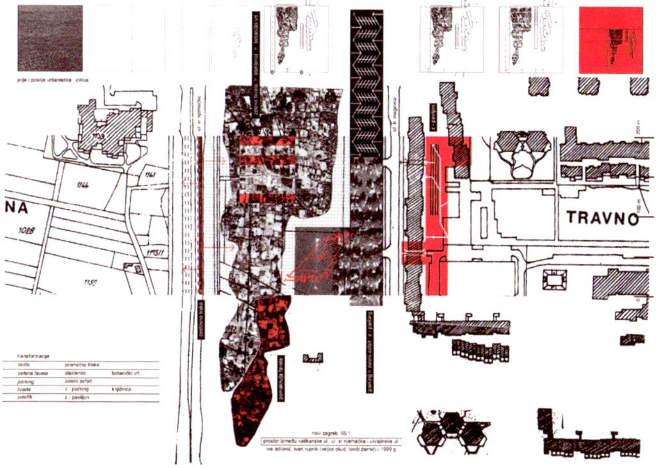

KOLLEKTIVE

CCEA

Das Center for Central European Architecture in Prag

Ort:
• PRAG

Zeit:
• seit 2001

Als unabhängige, nicht gewinnorientierte Organisation, die sich mit Mitteleuropa und seiner Kultur beschäftigt, hat CCEA das Ziel, die architektonische Identität Zentraleuropas zu analysieren, neu zu definieren und zu formulieren. Im Rahmen langfristiger Projekte bildet CCEA Netzwerke und regt Aktivitäten vor Ort an.

Zur Frage nationaler Architektur brachte das Projekt *Young Blood* eine Reihe von Veranstaltungen, Ausstellungen und Publikationen zur baulichen Realität Mitteleuropas am Beginn des neuen Jahrhunderts. Es war eines der ersten zentraleuropäischen Projekte nach 1989, die nicht die Vergangenheit, sondern die Entwicklung der Zukunft fokussierten. *Urbanity – Twenty Years Later* brachte Bürgermeister, Architekturschulen, Fotografen und andere lokale Fachleute bei der Arbeit an alternativen städtischen Strategien für mitteleuropäische Hauptstädte zusammen. In der Nachfolge von *Urbanity* war das Thema eines neuen städtischen Umlands der Ausgangspunkt des Projektes *Culburb – Cultural Acupuncture Treatment for the Suburb* (Kultur-Akupunktur für die Vorstadt). Auch das *Lifting the Curtain*-Netzwerk ist aus *Culburb* hervorgegangen.

IK

↑ **Elia Zenghelis, Leiter des *Urbanity*-Workshops, mit den Teams, *Urbanity – Twenty Years Later*, Prag 2009.**
[Foto: Igor Kovačević, CCEA-Archiv]

↓ ***Slip-slop*, Installation von Michal Moravčík, *Young Blood Export*, Bratislava 2008.**
[Foto: Zuzana Bodnarová, CCEA-Archiv]

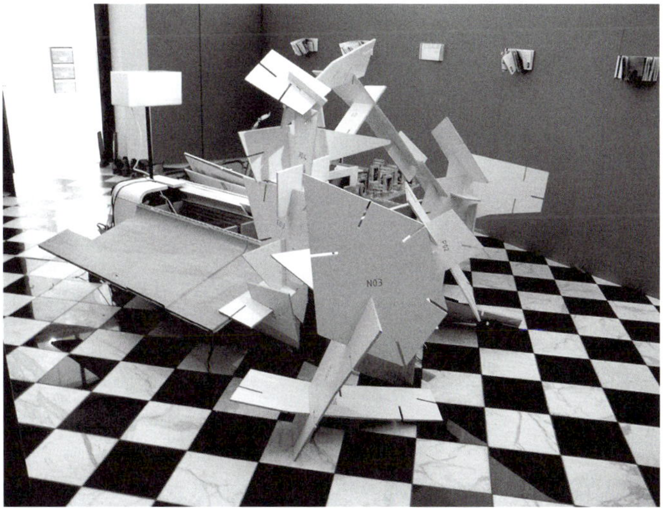

↑ ***Critical Eye*, Fotoausstellung zu den radikalen Veränderungen mitteleuropäischer Hauptstädte in den letzten zwanzig Jahren.**
Installation in Prag während des Forums 2000 *The World We Want to Live In*, im Vordergrund: Interview mit dem kubanischen Journalisten José Luis García Paneque. *Urbanity – Twenty Years Later*, Prag 2010.
[Foto: Zoran Kovačević, CCEA-Archiv]

KOLLEKTIVE

KÉK

Eine Architektur-NGO, die mit Wissensproduktion in neuen Formaten experimentiert

Ort:
- BUDAPEST

Zeit:
- seit 2005

Das ungarische Architekturzentrum KÉK (Kortárs Építészeti Központ / Hungarian Contemporary Architecture Centre) besteht aus einem unabhängigen Team von Fachleuten, das sich mit Architektur und Städtebau befasst. Es wurde 2005 von Architekten und Architektinnen gegründet, um ein breites Publikum mit zeitgenössischen Fragen der gebauten Umwelt in Berührung zu bringen und eine Plattform für fachliche Weiterentwicklung und architektonische Debatten bereitzustellen. Nachdem KÉK an zwei temporären Standorten tätig war, setzte es seine Arbeit ohne fixes Büro fort und wirkte fortan projektbezogen mit wechselnden Partnern.

KÉK ist auf internationaler Ebene sehr aktiv, der laufende Betrieb beruht auf einem breiten Netzwerk an Kuratoren und Kuratorinnen sowie Mitwirkenden. Zu den mehreren hundert Veranstaltungen von KÉK gehören Ausstellungen, Konferenzen, Festivals, Screenings, Weiterbildungsprogramme, Vorträge, Exkursionen sowie die Errichtung von Community Gardens, Interventionen im öffentlichen Raum und Beratungsdienstleistungen. KÉK hat sich im Laufe der Zeit von einer öffentlichen Diskussionsplattform zu einer Wissensplattform zur Erstellung von Inhalten und Strategien für die Stadt entwickelt. Die Mitglieder von KÉK sind im akademischen, gestalterischen und politischen Bereich tätig.

SSze

← **Die IGEN-Sauna, eine schwimmende Gemeinschaftssauna in Délegyháza, entworfen und gebaut von H3T Architekti aus Prag.**
Die Sauna ist Teil des *Culburb*-Programms, einer Reihe von "Kultur-Akupunktur" für suburbane Zonen von sechs europäischen Hauptstädten. [H3T Architekti-Archiv]

→ **Der Leonardo-Gemeinschaftsgarten.**
KÉK ist Urheber und Betreiber des ersten Gemeinschaftsgartens in Budapest. Das äußerst erfolgreiche Projekt umfasst Beratung, Startausrüstung und Veranstaltungen für Beteiligte. [KÉK-Archiv]

ÖFFENTLICHKEIT

Unabhängige und institutionalisierte Formate von Öffentlichkeit standen in Mitteleuropa beinahe während des gesamten 20. Jahrhunderts gegeneinander. Strenge Regulative führten zu vielschichtigen Strukturen von der offiziellen Ebene bis zum Untergrund, wobei unterschiedliche Repräsentations- und Diskursformen entstanden. Innerhalb der Netzwerke wurden Inhalte nicht nur nach ihrer Verortung, sondern auch nach dem Grad ihrer Autonomie bewertet. Ihre Überlappungen und Abgrenzungen führten zur Gründung von Zeitschriften und Archiven, die ebenso Zeichen dieser Auseinandersetzung sind wie die Inhalte, die sie hervorbrachten.

PUBLICS

The independence and formalisation of publics was almost continuously contested in 20th century Central Europe. Close regulation often created multiple layers from the official to the underground, with diverse forms of representation and discourse. Networks contextualized content not only based on locality but also on their status of autonomy. Their overlaps and boundaries created magazines and archives which are as much imprints of this contest as the contents they produced.

ÖFFENTLICHKEIT

Zenit

Ein Zeugnis progressiver Strömungen der jugoslawischen und europäischen Zwischenkriegs-Moderne

Orte:
- ZAGREB / BELGRAD

Zeit:
- 1921-1923 / 1923-1926

Aus der 1921-23 in Zagreb und 1923-26 in Belgrad erscheinenden Internationalen Zeitschrift für Kunst und Kultur *Zenit* kamen zahlreiche künstlerische Aktivitäten der Moderne. Das vom serbischen Dichter und Künstler Ljubomir Micić ins Leben gerufene mehrsprachige Magazin war eine gemeinsame Initiative von europäischen Avantgardekünstlern, die Formate und Techniken wie Assemblage, Fotomontage, Zeichnung, Malerei, Plakate, aber auch Lyrik, Manifeste, offene Briefe und Pamphlete einsetzten und damit kulturelle Normen überschritten, herrschende ästhetische Begriffe unterliefen und tradierte Kunstformen zugunsten einer neuen Kunst auflösten, gerichtet gegen alles, was für das "alte Europa" stand.

Als "Bewegung für die Synthese der neuen Kunst" begrüßte der "Zenitismus" Futurismus, Dadaismus, Konstruktivismus, Suprematismus, Kubismus und in geringerem Ausmaß auch Expressionismus und Surrealismus als Mittel zur Erreichung des höchsten Ziels – der Erhebung der "kollektiven Architektur des Geistes" durch die Einigung der gesamten Menschheit unter der Führung der mythischen Figur des neuen Menschen, Balkan Barbarogenius.

MR

↓ **Zenit Nr. 11, Februar 1922.**
Titelseite: Vladimir Tatlin, Monument der Dritten Internationale.

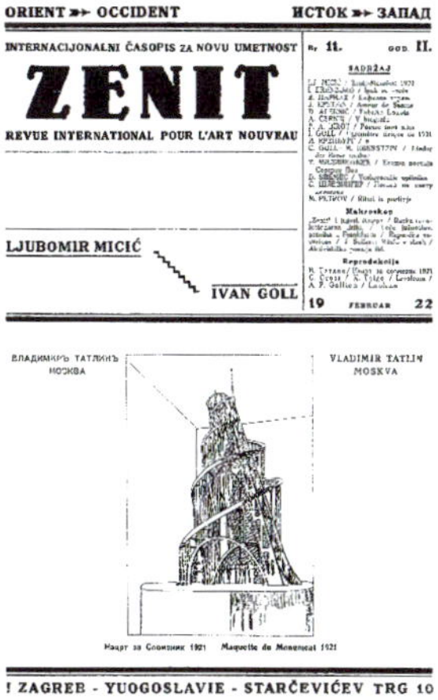

↑ **Zenit Nr. 17/18, September/Oktober 1922.**
Titelseite: El Lissitzky.

↓ **Zenit Nr. 40, April 1926.**
Titelseite: Theo van Doesburg, Cornelis van Eesteren, Hausentwurf.

→ **Die Gruppe Traveleri, 1923.**
Dragutin Herjanić, Višnja Kranjčević, Zvonimir Megler, Vlado Pilar, Josip Seissel, Miloš Somborski, Miho Schön, Čedomil Plavšić und Dušan Plavšić experimentierten mit verschiedenen künstlerischen Formaten von bildender Kunst bis Theater. Die Gruppe war über den Architekturstudenten Josip Seissel mit *Zenit* verbunden.
[mit freundlicher Genehmigung der Sammlung Marinko Sudac]

ÖFFENTLICHKEIT

Bytová kultura / Wohnungskultur

Eine wegweisende *Monatsschrift für industrielle Kunst*

Ort:
- BRÜNN

Zeit:
- 1924-1925, 1934-1935

Die von Jan Vaněk begründete Zeitschrift erschien in Brünn auf Tschechisch und Deutsch. Zahlreichen wichtigen Persönlichkeiten der Zwischenkriegs-Moderne bot die aus Vaněk, Adolf Loos, Bohumil Markalous und Ernst Wiesner bestehende Redaktion ein Forum für Debatten über gesellschaftliche, gestalterische, architektonische und wohnkulturelle Fragen.

Die Zeitschrift behandelte alles vom Haus bis zum gedeckten Tisch und diente damit der Popularisierung zeitgenössischen Designs. Sie brachte Artikel über Bauhaus, De Stijl und Konstruktivismus, neue Trends in Architektur und Formgebung, Serienproduktion, Ornament und Dekor sowie Reportagen aus der internationalen Architekturszene von bekannten internationalen Künstlern, Architekten und Theoretikern, darunter Le Corbusier, J.J.P. Oud, Bruno Taut, Theo van Doesburg, Karel Teige, Adolf Loos, Walter Gropius und Jan Vaněk selbst, einer einflussreichen Persönlichkeit der Brünner Szene, Industrieller, Architekt, Möbeldesigner sowie Gründer und Direktor der UP závody (Spojené uměleckoprůmyslové závody = Vereinigte Kunstgewerbliche Werke).

KG

← **Ludwig Mies van der Rohe, Haus Tugendhat, Brünn, Einrichtung S.B.S., 1930.**
1927 verließ Jan Vaněk die UP-Werke und gründete die S.B.S. (*Standard bytová společnost* = Standard Wohnungsgesellschaft), die viele Brünner Häuser ausstattete, darunter auch das Haus Tugendhat von Ludwig Mies van der Rohe. [Privatarchiv S.B.S., aus: Jan Vaněk 1891-1962, civilizované bydlení pro každého, Hg. Jindřich Chatrný, Brünn 2008]

↑ **Titelseite der ersten Ausgabe von *Bytová kultura / Wohnungskultur – sborník průmyslového umění / Monatsschrift für industrielle Kunst*.**
[Bytová kultura / Wohnungskultur, Hg. Jan Vaněk, Redaktion Adolf Loos, Bohumil Markalous, Jan Vaněk, Arnošt (Ernst) Wiesner]

Ukaž, jak bydlíš!

● Ukaž, jak bydlíš! — Vidím, že jsi podivín. Co má s tebou společného celá ta spousta věcí kolem tebe? Tvůj byt je maskou — a ještě k tomu špatnou.
● Ukaž, jak bydlíš! Ty, jenž bydlíš tam v té mansardě, měl bys vlastně bydlet v zámku. Tak jemně a chytře je u tebe vše uspořádáno. Jak mnoho jsi dovedl stvořit z ničeho! Je příjemné býti hostem v tomto pokoji.
● Ukaž mi, jak bydlíš! Tebe posadili bohové omylem do této krásné vily s četnými místnostmi. Tobě by slušela uprášená kancelář, večer pohodlná hospoda, zařízený pokoj na noc.
● Ukaž mi, jak bydlíš! Pravím ti, že jsi uvnitř své bytosti neklidným nomádem. Lodní kabina znamená pro tebe víc než nejkrásnější pracovna světa.
● Ukaž mi, jak bydlíš! Jsi harmonický člověk, žiješ v souladu s dobou i s okolím. Vše, co je kolem tebe, má smysl a logický vztah k době – slouží tobě i tvým milým.

→ **Werbeanzeige von S.B.S.: "Zeige mir, wie du wohnst!", 1935.**
In den Jahren 1934-35 versuchte Jan Vaněk, *Bytová kultura* wiederzubeleben. Nach nur vier Ausgaben ging die zweite *Bytová kultura* bankrott. [Bytová kultura 2, Nr. 1, S. 4, 1935]

ÖFFENTLICHKEIT

Praesens

Eine kollektive Avantgarde-Zeitschrift

Ort:
• WARSCHAU

Zeit:
• 1926-1929

Praesens war ein Kollektiv von Architekten/Architektinnen und Künstlern/Künstlerinnen der Avantgarde, die in den Jahren 1926-29 in Warschau tätig waren, darunter Barbara und Stanisław Brukalski, Bohdan Lachert, Szymon und Helena Syrkus, Henryk Stażewski, Władysław Strzemiński und Katarzyna Kobro. Die Ausrichtung des Kollektivs war konstruktivistisch und funktionalistisch. Sein Konzept war es, die Rolle der Architektur durch eine Ideologie der Zusammenarbeit zwischen Architekten und Künstlern hervorzuheben.

Praesens, die Zeitschrift des Kollektivs, betont die Bedeutung von Architektur: "Die modernen Formfragen, die den Stil von heute prägen, werden vorrangig durch die Architektur gelöst. Malerei und Skulptur sind heutzutage ohne Beziehung zur Architektur undenkbar und nicht zu rechtfertigen." [Henryk Stażewski, Wiek współczesności (Die gegenwärtige Zeit), *Praesens* Nr. 1, 1926] Die postulierte Synthese der Künste und der sozialistische Verzicht auf Individualismus zugunsten der Gemeinschaft sollten den neuen Menschen gestalten.

SB, SSzy

↑ **Praesens, Warszawa, Kwartalnik Modernistów (Vierteljahresschrift der Modernen), Nr. 1, 1926, Titelseite.**
[mit freundlicher Genehmigung der Bibliothek des Muzeum Sztuki, Łódź]

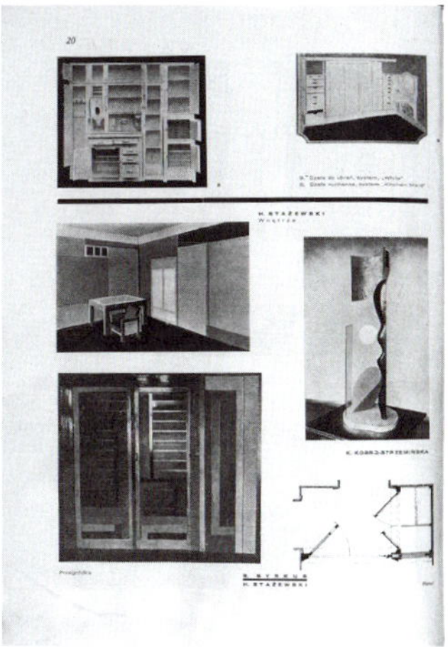

← **Einrichtungen von Henryk Stażewski, Katarzyna Kobro-Strzemińska und Szymon Syrkus.**
Kleiderschrank Sytem "White", Küchenschrank System "Kitchen Maid", Praesens Nr. 1, 1926, S. 20.
[mit freundlicher Genehmigung der Bibliothek des Muzeum Sztuki, Łódź]

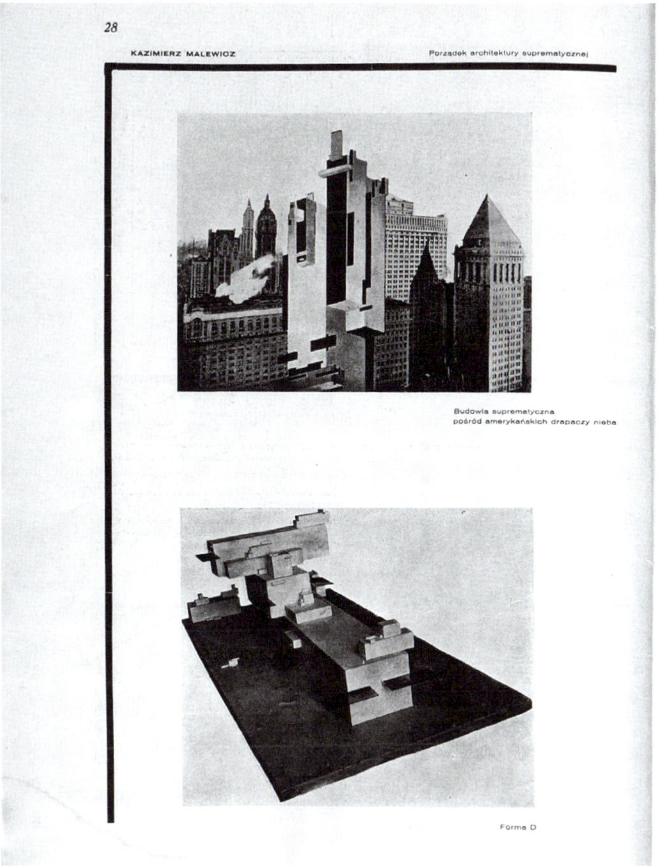

↑ **Kasimir Malewitsch, Suprematistische Architektur / Suprematistische Struktur zwischen amerikanischen Wolkenkratzern, Form D.**
Praesens Nr. 1, 1926, S. 28.
[mit freundlicher Genehmigung der Bibliothek des Muzeum Sztuki, Łódź]

ÖFFENTLICHKEIT

Bercsényi 28-30

Die Verbindung von Mainstream und Underground

Ort:
• BUDAPEST

Zeit:
• seit 1963

Bercsényi utca 28-30 ist die Adresse des Studentenwohnheims der Architekturfakultät an der Budapester Technischen Universität. Es ist aber auch der Name einer 1963 begründeten Publikation, die von einer einfachen Broschüre zur wichtigsten Zeitschrift im ungarischen Architekturdiskurs vor 1989 wurde. Redigiert von Studierenden und herausgegeben von der Universität, konnte sie sich der Zensur weitgehend entziehen. Die Galerie und die Mensa des Studentenheims waren Zentren von Neo-Avantgarde und New Wave, während die Publikation zur zentralen Plattform für Architektur und Kunst abseits des Mainstream wurde.

Die Kombination aus radikaler Bildsprache, innovativem Inhalt und Low-Tech-Produktion ermöglichte Experimente. Sonderausgaben waren den ersten Übersetzungen der Schlüsseltexte zur postmodernen Theorie und der Schriften Leon Battista Albertis sowie dem sowjetischen Konstruktivismus gewidmet; die Wettbewerbe der Zeitschrift reflektierten forschungsbasierte und theoretische Methoden.

Nach 1989 verloren Gebäude und Zeitschrift ihre kulturelle Funktion und ihre dynamische Kraft. In einem der Studios wurde 1995 vom Advanced Architecture College (AAC) eine Studenteninitiative zur selbstbestimmten Ausbildung und Forschung ins Leben gerufen. Das AAC gründete eine neue Zeitschrift, organisiert Veranstaltungen und digitalisiert das Archiv von Bercsényi 28-30.

SSze

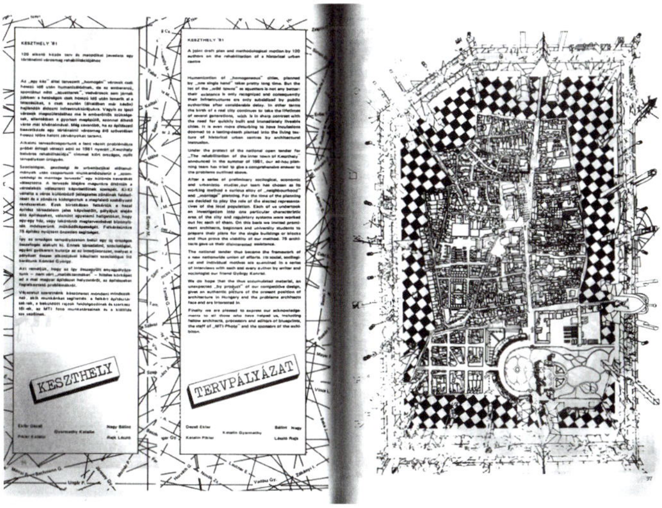

↑ **Titelseite einer Sonderausgabe zur sowjetischen Avantgardearchitektur zwischen 1917 und 1932, Nr. 61, 1978.** [Bercsényi Építész Szakkollégium, Digitalisierungsprojekt www.bercsenyi2830.hu]

← **Wettbewerbsentwurf für einen Stadtteil von Keszthely.** Der Entwurf war eine Gemeinschaftsarbeit von 120 Architekten und Architektinnen, die versuchten, als Methode urbaner Regeneration das organische Wachstum von Städten in einem Fallbeispiel nachzuzeichnen. Heft Nr. 74, 1980-82. [Bercsényi Építész Szakkollégium, Digitalisierungsprojekt www.bercsenyi2830.hu]

ÖFFENTLICHKEIT

Piran Days of Architecture

Internationale Architekturtagung und Piranesi Award in Piran

Ort:
- PIRAN

Zeit:
- jeder dritte Samstag im November, seit 1983

Themen:
- 1983 – Architektur im Kontext
- 1984 – Kontinuität in der Architektur
- 1985 – Identität in der Architektur
- 1986 – Meisterschaft und Kunst in der Architektur
- 1987 – Imagination in der Architektur
- 1988 – Architektur außerhalb der Zentren
- 1989 – Architektur aus Architektur
- 1990 – Das Ephemere in der Architektur
- 1991 – Die Architektur der neuen Autonomie
- 1992 – Zehn Jahre danach
- 1993 – Architekt und Politik
- 1994 – Architektur im Spiegel
- 1995 – Architektur und Zeitschriften
- 1996 – Die Aktualität der sechziger Jahre
- 1997 – Die Architektur des individuellen Ausdrucks
- 1998 – Die Verantwortung der Form
- 1999 – Bestandsaufnahme
- 2000 – Macht das Haus noch immer die Stadt?
- 2001 – Architektur und Kontext
- 2002 – Zwischen Vision und Realität

Die Piran Days of Architecture (PDA) sind eine internationale Architekturtagung, die seit 1983 jährlich stattfindet und ein wichtiger Treffpunkt für den Austausch zeitgenössischer Architekturpositionen in Mitteleuropa geworden ist. Ihr Ziel ist es, aktuelle Strömungen zur Diskussion zu stellen und innovative theoretische und praktische Konzepte zu präsentieren.

Die Tagung bringt führende Architekten und Architektinnen auf internationaler und regionaler Ebene zusammen, darunter Wang Shu, Bijoy Jain, Eduardo Souto de Moura, Álvaro Siza Vieira, Peter Zumthor, Enric Miralles, Sverre Fehn, Kenneth Frampton, David Chipperfield, Boris Podrecca, Hrvoje Njirić und Helena Njirić, Vladimir Šlapeta, Heinz Tesar und Francesco Dal Co. Sie wird begleitet von einer Ausstellung der für den internationalen Piranesi Award nominierten Projekte – je fünf von Länder-Komitees ausgewählte aus Griechenland, Italien, Kroatien, Österreich, der Slowakei, Slowenien, Tschechien und Ungarn. Der Preis ist nach dem italienischen Künstler Giovanni Battista Piranesi benannt, dessen Vorfahren aus Piran stammten. Die Jury setzt sich aus den Keynote Speakern der jeweiligen Tagung zusammen.

MI

- 2003 – Zwischen dem Rationalen und dem Irrationalen in der Architektur
- 2004 – Der Architekt und der Ursprung der Gesellschaft
- 2005 – Architekturpolitik & Louis Kahn: My Architect
- 2006 – Ausgestellte Architektur
- 2007 – PDA / 25 Jahre Architektur
- 2008 – Architektonische Diversität
- 2009 – Neue Herausforderungen
- 2010 – Neubelebung der Architektur
- 2011 – Aktive Architektur
- 2012 – 30 Jahre: Utilitas, Firmitas, Venustas
- 2013 – Die Ethik der Architektur
- 2014 – Die Vision der Architektur

← **Ranko Novak, Plakat Arhitektura in politika: Piranski dnevi arhitekture, mednarodni simpozij '93, Obalne galerije Piran, Piran 1993.**
[© Narodna galerija, Ljubljana, Foto: Janko Dermastja]

↓ **Teilnehmer der Piran Days of Architecture 2013 auf dem Tartini-Platz (gestaltet von Boris Podrecca ab 1989).**
[Foto: Jadran Rusjan]

ÖFFENTLICHKEIT

A10 new European architecture

Eine Architekturzeitschrift mit paneuropäischer Perspektive

Ort:
- AMSTERDAM

Zeit:
- seit 2005

Statt über die aus allen Architekturzeitschriften bekannten großen Namen zu berichten, wirft *A10 new European architecture* sein Netz weiter aus: Es widmet sich gleichermaßen der Architekturproduktion in West-, Mittel- und Osteuropa und präsentiert Neubauten und Projekte auch von vergessenen Meistern und noch unbekannten Talenten.

Studieren und Arbeiten in verschiedenen Ländern und mit europäischen Kollegen wird immer mehr zur Normalität. Auch wenn die meisten Architekten und Architektinnen in ihren Herkunftsländern arbeiten, dehnt sich ihr Wirkungsbereich rasch aus. A10 will die vielen Facetten dieser pulsierenden Baukultur beobachten und fördern und so zu deren Austausch beitragen. Die 2005 gegründete Zeitschrift hat sich zu einer Plattform für neue europäische Architektur entwickelt, die im Rahmen der großen Veränderungen in Politik und Wirtschaft die Beziehungen zwischen Projekten und ihrem Kontext in der Architektur und dem Berufsbild des Architekten untersucht.

Die Zeitschrift verfügt über ein Netzwerk von mehr als 70 Korrespondenten und Korrespondentinnen von Irland bis zur Türkei und von Portugal bis Russland. Dank diesem paneuropäischen Netzwerk berichtet A10 oft als erste von neuen Planungen, Bauten oder vielversprechenden Architekten und Architektinnen.

IvK, PB

READY

New buildings

Greenhouse for learning, Tartu

A renewed environmental education centre by KARISMA brings all kinds of life back to the city centre.

ESTONIA – TEXT TRIIN OJARI, PHOTOGRAPHY JAAN SOKK

How green can education be? There are already many environmental centres in Estonia, and it can be said that those built in the middle of the city are multi-functional educational spaces tuned according to the needs and preferences of the post-industrial society, merging education and entertainment – they provide 'edutainment'. The centres deal with several contemporary subjects related to green policy, such as sustainability, ecological building systems, alternative energy production and the preservation of nature and endangered species, as well as provide diverse learning opportunities for children and adults.

The Tartu Environmental Education Centre was established in the 1950s and has since remained centrally located in the same place in the city, somehow hidden behind the district's large-scale blocks. The old building was demolished to make space for the new one, and an open architectural competition held in 2010 was successful for the young office of KARISMA architects. The new building, completed in autumn last year, is their first major public project. The site has a strong natural character, and its relief forms steep hillsides and gentle slopes that curve around the new building. The structure of the building consists of three wings that are located inside and on the surface of the hill, encompassing a central core, the atrium.

With its Y-shaped plan the building ▸

| The site's gentle slopes wrap around the lower portions of the new building's wings.

FACTS & FIGURES

Estonia has the highest number of the most experienced architects (57% of all Estonian architects have been qualified for 25 years or more).

The number of Estonian clients that have a high regard for architects is much greater (53%) than the architects themselves estimate (29%).

There are 77 environmental centres in Estonia, which we believe is a record number in comparison to other EU countries.

22 A10 #56 READY

READY A10 #56 23

Titelseiten und Heftseiten von Nr. 56 und 57, 2014.

INDIVIDUEN

Der Erfolg von Netzwerken ist letztlich immer abhängig von engagierten Einzelpersonen, die bereit sind, ihren Horizont beständig zu erweitern und andere Positionen und Ansätze als Bereicherung zu sehen. Darüber hinaus sind sie zentrale Verknüpfungspunkte gerade in internationalen Netzwerken ohne festen räumlichen Zusammenhalt, indem sie unterschiedliche Personen zusammenbringen und so ihrerseits neue Netzwerk-Verzweigungen fördern.

INDIVIDUALS

In order to be operational, networks are always ultimately dependent on committed individuals who are willing to steadily broaden their horizons and who understand that differing viewpoints and approaches enrich the discourse. What's more, by bringing people together and fostering new branches of the network – an international network inherently lacks spatial cohesion – these individuals become the network's nodes.

INDIVIDUEN

Adolf Ciborowski

1919 Warschau–1987 Warschau

Als Mitglied zahlreicher UN-Institutionen und Experte in Hilfsprogrammen förderte Ciborowski mit großem Engagement Wissensaustausch und -entwicklung im Bereich Stadtplanung und Wiederaufbau in und außerhalb Europas.

PB, ZP

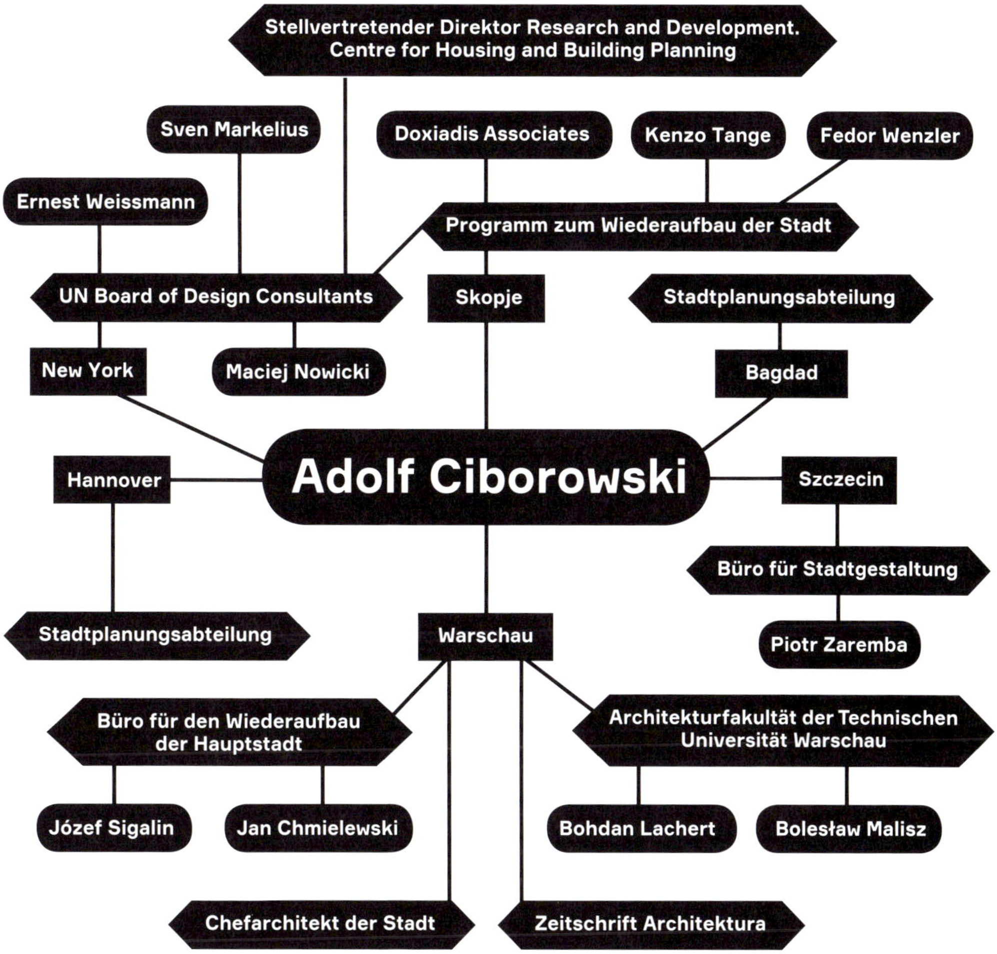

← **Der Warschauer Chefarchitekt Adolf Ciborowski (Mitte) und der Ökonom Stanisław Broniewski (rechts) analysieren die Datenverarbeitung der Rechenmaschine, Polnische Akademie der Wissenschaften, Warschau 1963.** [Foto: Zbyszko Siemaszko, mit freundlicher Genehmigung von National Digital Archives, Warschau]

Nikola Dobrović

1897 Pécs–1967 Belgrad

Níkola Dobrović, der in Budapest und Prag studiert und in Prag unter anderem das Avion-Gebäude am Wenzelsplatz gebaut hatte, verband die tschechische funktionalistische Moderne mit mediterranen Bezügen. Er realisierte wenige, aber zentrale Bauten der "weißen Moderne" an der Adria, darunter 1936 das Grand Hotel auf der Insel Lopud bei Dubrovnik und 1940 die Villa Adonis in Dubrovnik. Zahlreiche Wettbewerbsbeiträge blieben unrealisiert.

IK

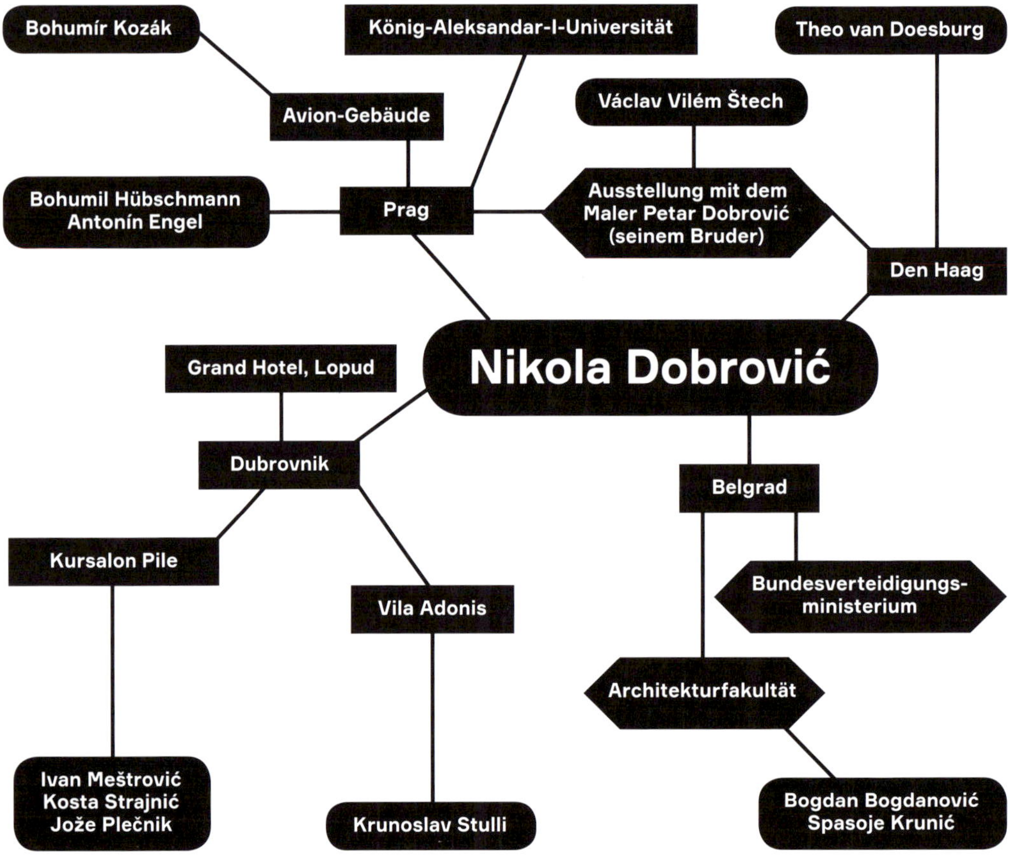

↑ **Nikola Dobrović an der Architekturfakultät in Belgrad, März 1957.**
[mit freundlicher Genehmigung von Spasoje Krunić]

Drago Ibler

1884 Zagreb–1964 Novo Mesto

Der in Dresden und Berlin ausgebildete Drago Ibler war praktizierender Architekt, Gründungsmitglied und Präsident der 1935 verbotenen linken Künstler- und Architektengruppe *Zemlja* (Erde), jugoslawischer CIAM- und UIA-Vertreter und leidenschaftlicher Pädagoge. Er begründete verschiedene internationale Netzwerke, die entscheidend zum modernen Architekturdiskurs in Zagreb vor und nach dem Zweiten Weltkrieg beitrugen.

MM

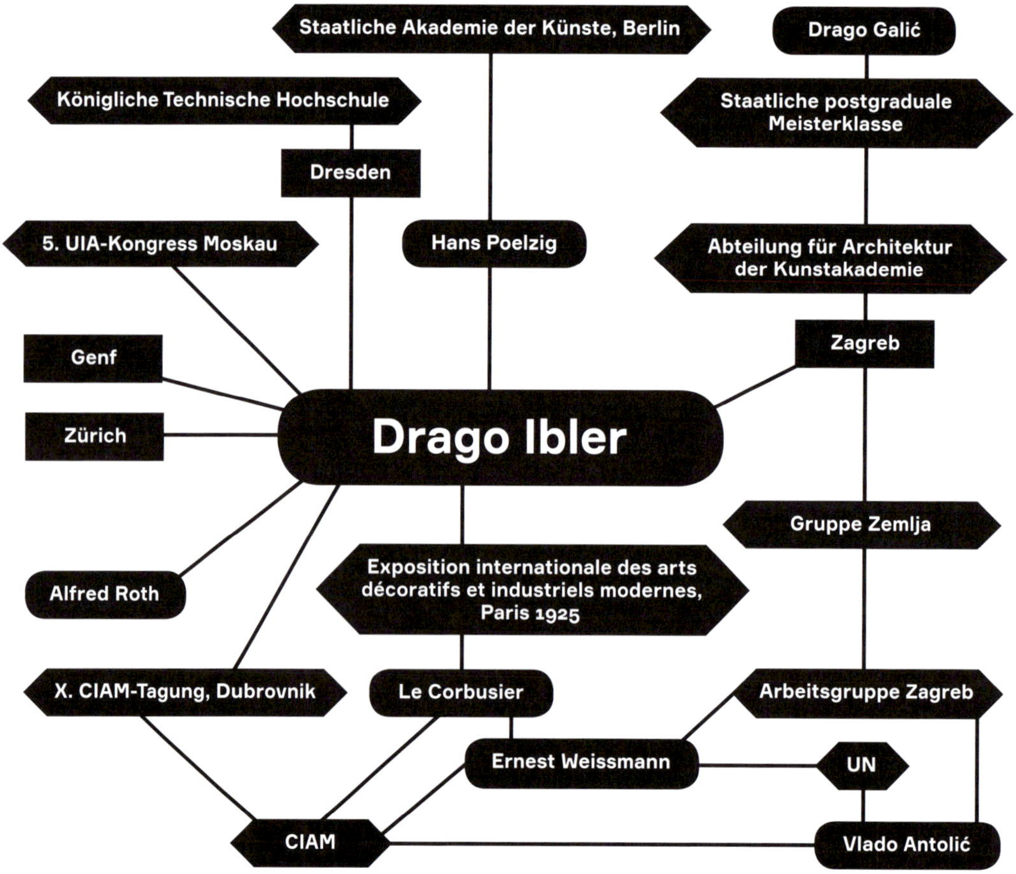

↑ **Drago Ibler, 1950er Jahre.**
[mit freundlicher Genehmigung des Archivs der Architekturfakultät Zagreb]

INDIVIDUEN

Lucjan Korngold

1897 Warschau–1963 São Paulo

Korngold erreichte eine wichtige Position im Architekturumfeld São Paulos und bildete mit seinen mitteleuropäischen Kollegen ein enges Netzwerk. Der Bau des *CBI Esplanada* – zu seiner Zeit mit 102 m das höchste Stahlbetongebäude der Welt – erregte in Amerika und Europa großes Interesse.

PB, GR

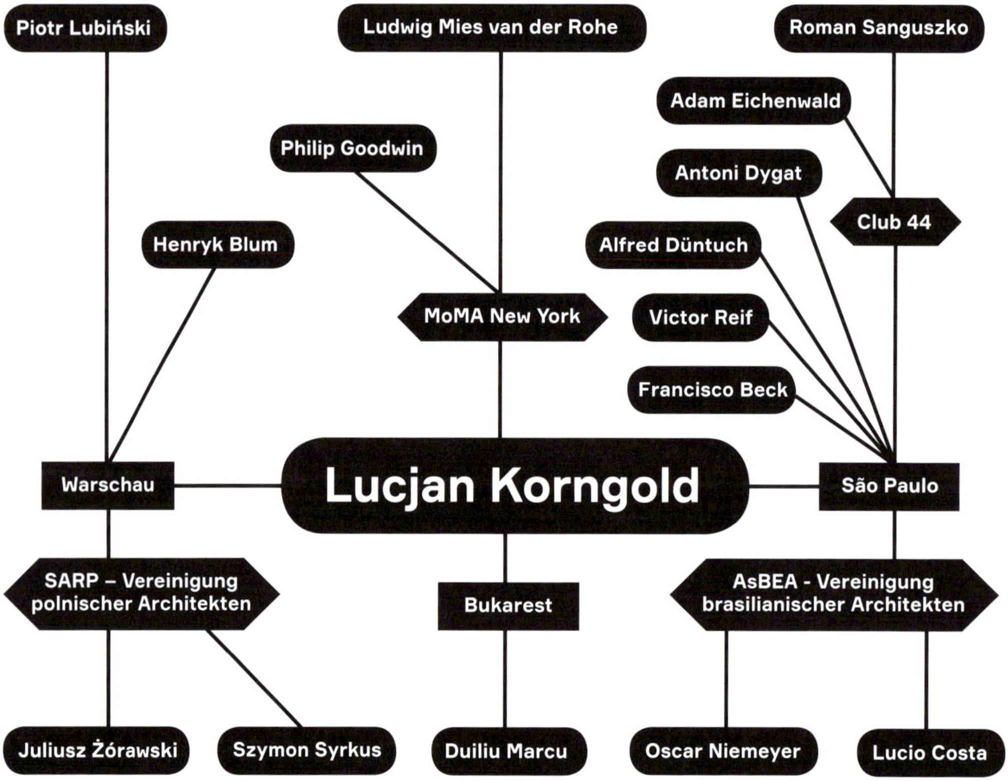

↑ **Der São-Paulo-Zirkel von immigrierten Architekten und Ingenieuren 1957 bei einem Treffen mit Ludwig Mies van der Rohe und Journalisten.** Von links stehend Gregorio Zolko, Paul M. Liberman, sitzend Victor Reif, Lucjan Korngold, Francisco Beck, Alfred Becker, Henrique Bresslau, Franz L. Bastian, Ludwig Mies van der Rohe, Manfredo Grunenwald, Philipp Lohbauer, Franz Heep, Herbert Duschenes. [Archiv Adriana Irigoyen]

INDIVIDUEN

Adolf Loos

1870 Brünn–1933 Wien

Der in Brünn geborene Adolf Loos betrieb in Wien ab 1911 eine private Architekturschule für Damen und Herren. Neben Österreichern wurde sie auch von Studenten aus Deutschland, Italien, Jugoslawien und der Tschechoslowakei besucht. Seine Bewunderung für Amerika behielt Loos, der als junger Mann einige Jahre in Chicago verbracht hatte, zeit seines Lebens. Dennoch beschloss er Mitte der 1920er Jahre, nach Paris zu ziehen, wo er mit Zlatko Neumann das Haus von Tristan Tzara baute.

IM

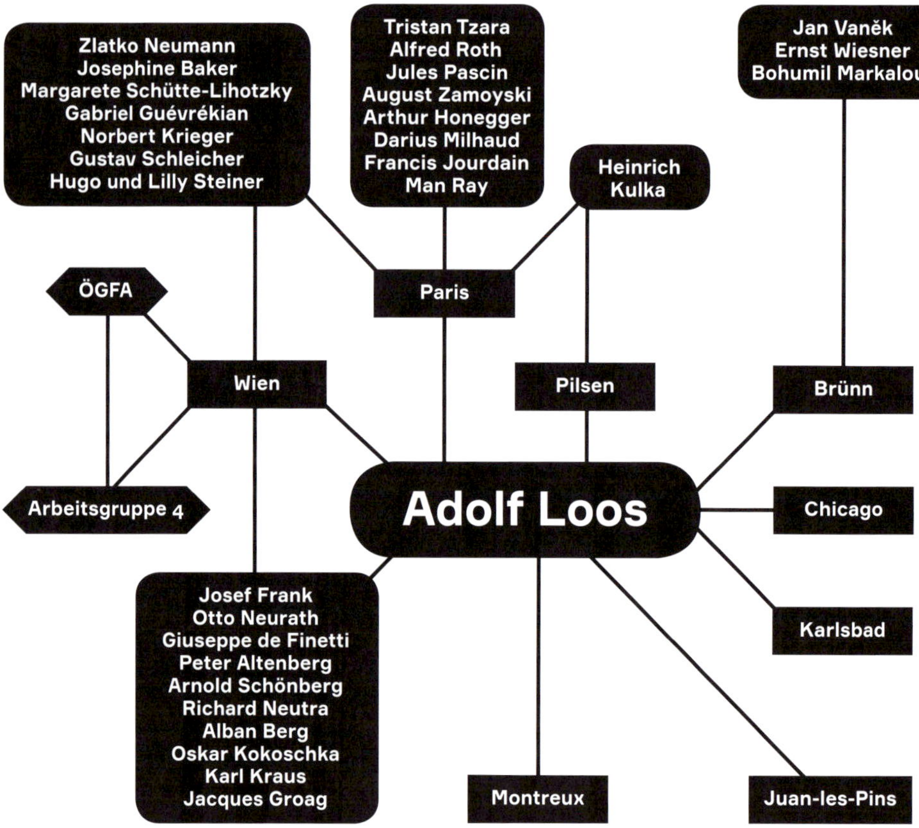

↑ **Gäste des Café du Dôme in Paris, August 1926.**
Von links: Eduard Waldraff, Max Ackermann, Bertel Schleicher, Julius Herburger, Piet Zwart, Enrico Prampolini, Willi Baumeister, Ida Thal-Hackmüller, unbekannt, Zlatko Neumann, Adolf Loos, Piet Mondrian, Michel Seuphor. [Foto: Gustav Schleicher, aus: Burkhard Rukschcio, Roland Schachel, Adolf Loos Leben und Werk, Salzburg/Wien 1982]

INDIVIDUEN

Miroslav Masák

*1932 Úvaly bei Prag

"In einer Zeit tiefster Unfreiheit schuf er eine Insel der Freiheit", schrieb der Architekt und Publizist Petr Kratochvíl über die Arbeit von Miroslav Masák. Seit seinen ersten Arbeiten ist Masák "Botschafter" der Architektur; u.a. initiierte er gemeinsam mit anderen Architekten ein Projekt für die Tschechische Philharmonie.

IK

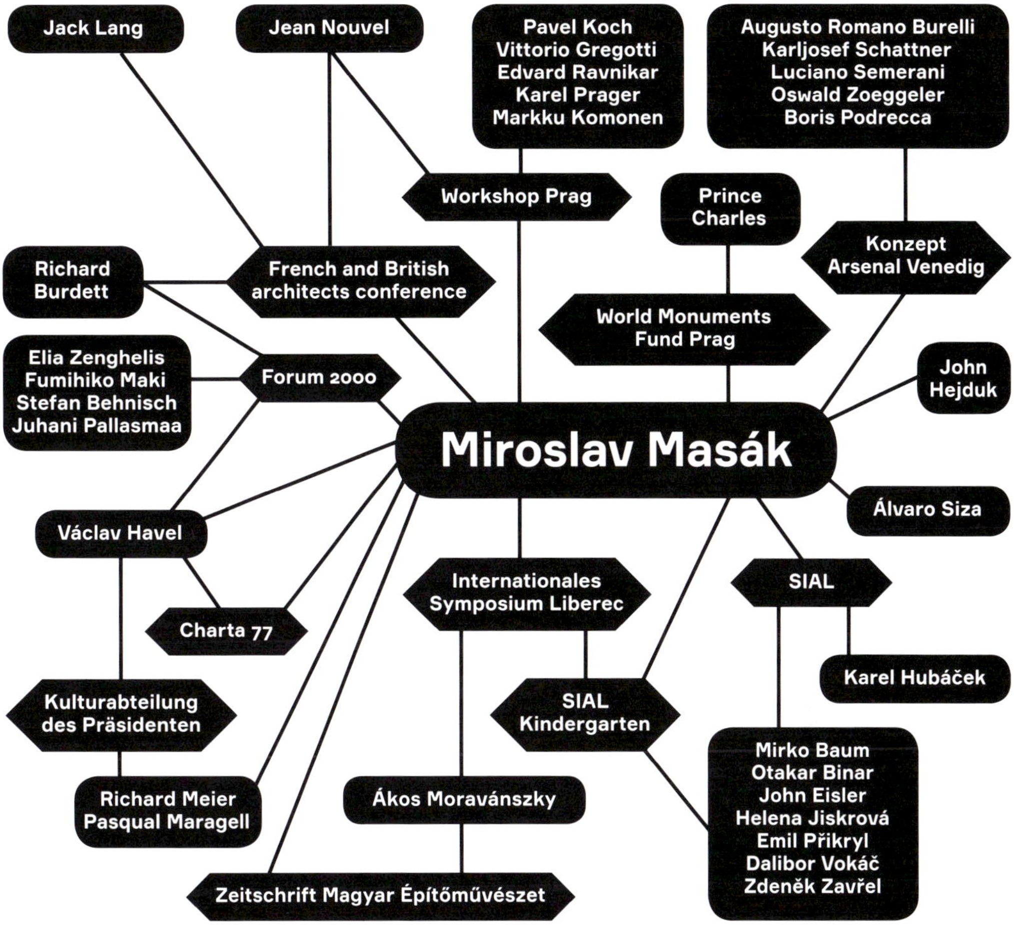

← **Besuch im Büro von Richard Meier mit Václav Havel, New York, Oktober 1991.**
[Foto: Tomki Němec, mit freundlicher Genehmigung von Miroslav Masák]

Juraj Neidhardt

1901 Zagreb–1979 Sarajevo

Der in Wien ausgebildete Juraj Neidhardt nahm seine internationalen Erfahrungen aus den Büros von Peter Behrens und Le Corbusier zuerst nach Zagreb und dann nach Sarajevo mit. Seine Forschungen erstreckten sich vom Experimentieren mit Bautechnologien bis zur schlüssigen Verknüpfung der lokalen osmanischen Tradition mit der Moderne, wie er sie mit dem slowenisch-bosnischen Architekten Dušan Grabrijan entwickelt hatte.

MM

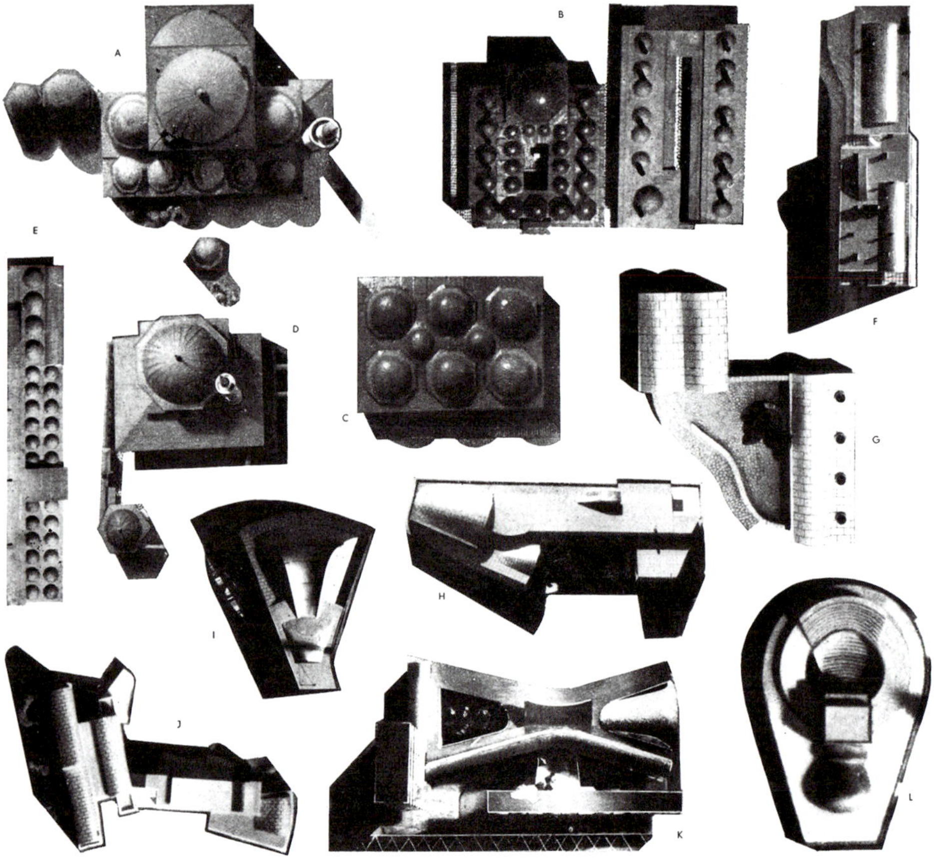

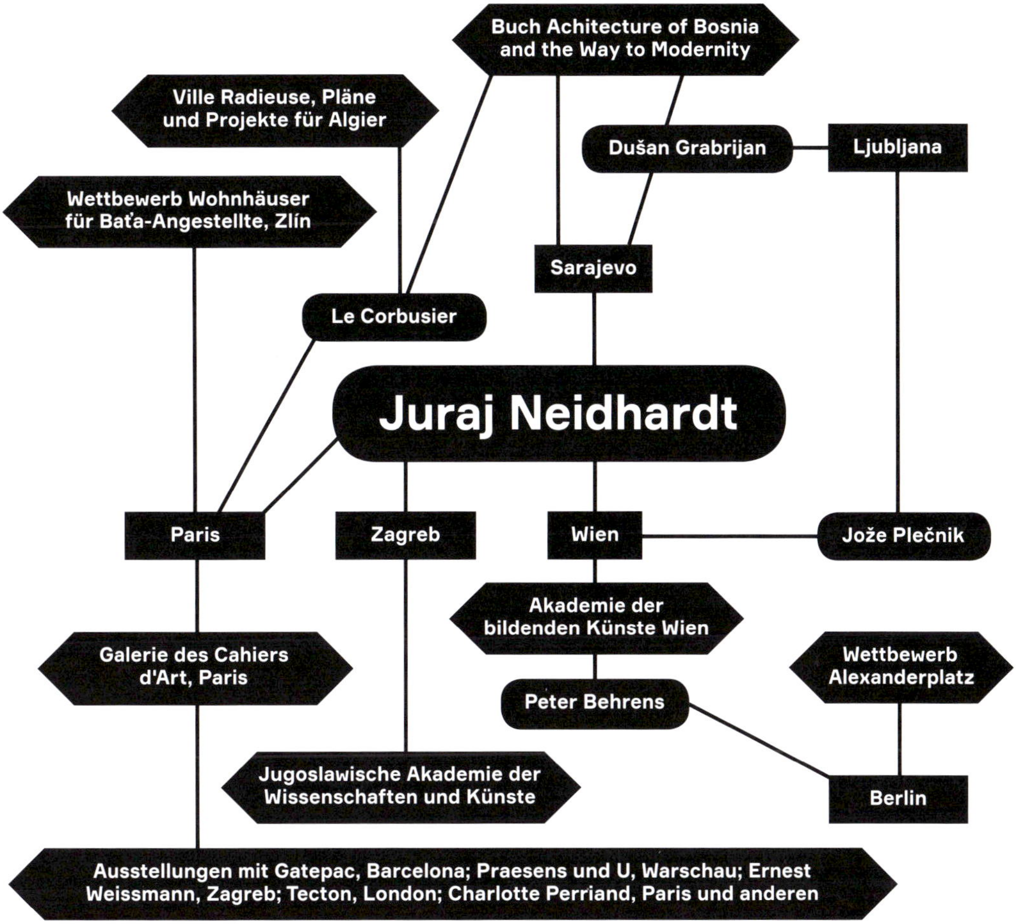

← **Juraj Neidhardt, Studie typologischer Kontinuität bei osmanischen öffentlichen Bauten und Neidhardts eigenen Entwürfen.**
[Juraj Neidhardt, Dušan Grabrijan, Arhitektura Bosne i put u suvremeno – Achitecture of Bosnia and the Way to Modernity, Ljubljana 1957, 2. Aufl. 1960]

INDIVIDUEN

Maciej Nowicki

1910 Warschau–1950 Wadi Natrun

Nowicki kannte zahlreiche weltberühmte Architekten, die er beeinflusste, so z.B. bei den Planungen für das UN-Hauptquartier in New York, als Chefarchitekt der indischen Planstadt Chandigarh (nach seinem Flugzeugabsturz auf dem Weg zum Bauplatz ersetzte ihn Le Corbusier) oder bei seinem bahnbrechenden Entwurf des "Paraboleums" in Raleigh (North Carolina).

MK

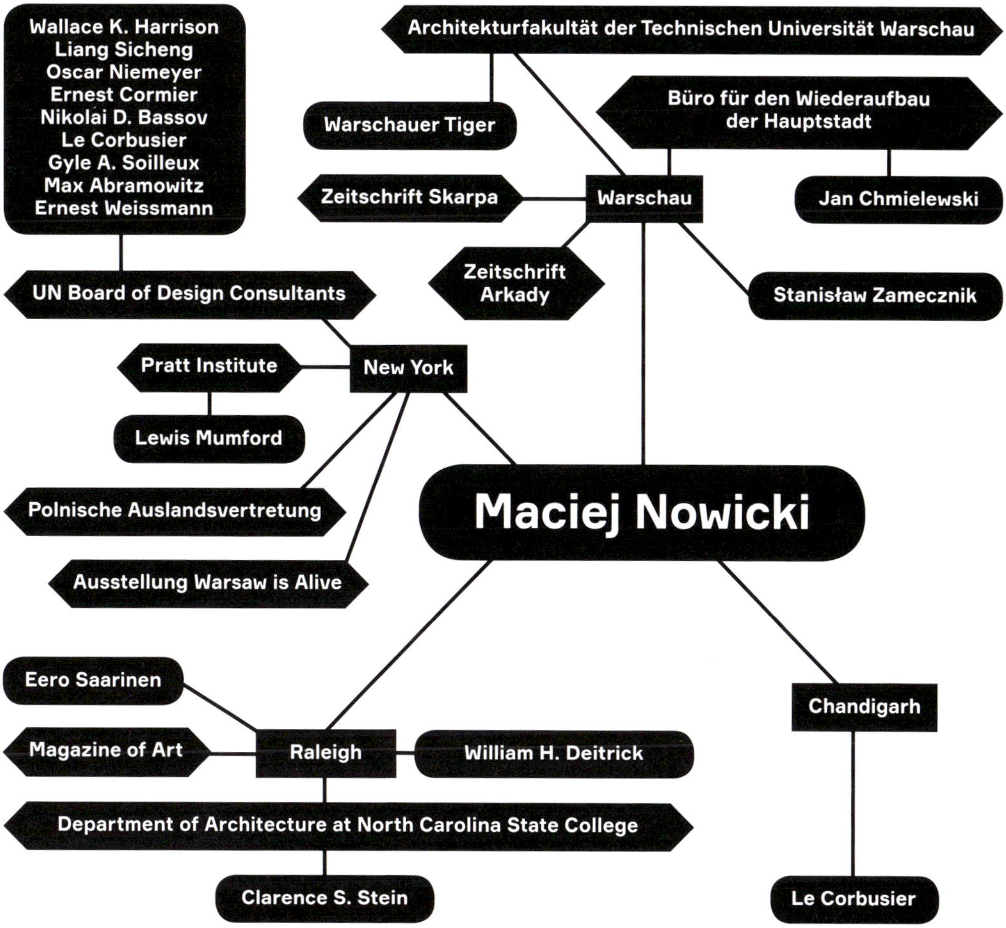

← **Planung des UN-Hauptquartiers, New York, 18. 4. 1947.** UN-Berater, im Vordergrund stehend von links: Liang Sicheng, Oscar Niemeyer, Nikolai D. Bassov, Ernest Cormier; 2. Reihe von links: Sven Markelius, Le Corbusier, Vladimir Bodiansky, Wallace K. Harrison, Gyle A. Soilleux, Max Abramowitz, Ernest Weissmann, John Antoniades, Maciej Nowicki. [mit freundlicher Genehmigung von UN Photo]

INDIVIDUEN

Károly Polónyi

1928 Gyula–2002 Budapest

Polónyi, einziges ungarisches Mitglied des Team X, arbeitete zwei Jahrzehnte in Ghana, Nigeria, Algerien und Äthiopien. Neben dem Entwerfen von Wohnbauten und Masterplänen gründete er das erste westafrikanische Graduiertenkolleg für Architektur an der Universität von Kumasi (Ghana). Er unterrichtete auch an der Architectural Association (AA) in London, an der Universität von Nottingham, an der Cornell University in Ithaca, NY und an der Middle East Technical University in Ankara.

SSze

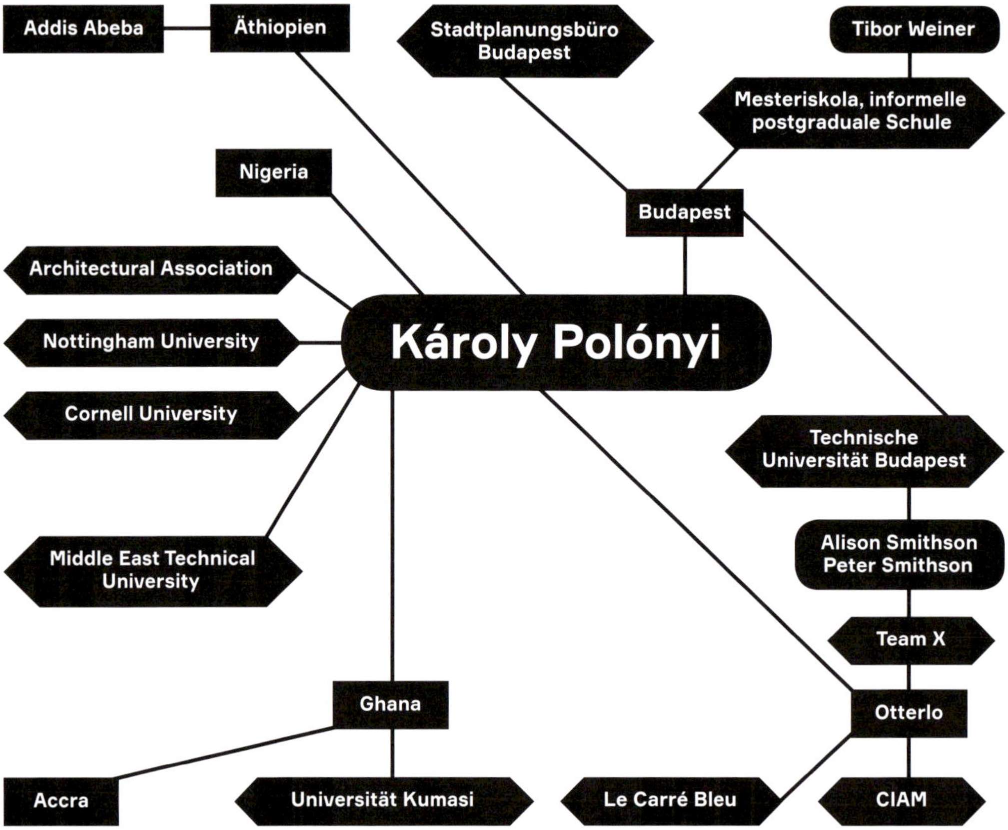

↑ Károly Polónyi, 1990er Jahre.

INDIVIDUEN

Margarete Schütte-Lihotzky

1897 Wien–2000 Wien

An der Wiener Kunstgewerbeschule ausgebildet, lebte und arbeitete Margarete Schütte-Lihotzky u.a. in Frankfurt, Moskau, Istanbul und Sofia. Als aktives Mitglied des Widerstands gegen das NS-Regime an der Seite des hingerichteten Herbert Eichholzer zu lebenslanger Haft verurteilt, wurde sie in Wien nach dem Krieg als Kommunistin in ihrer Arbeit boykottiert. Sie vertrat Österreich bei mehreren CIAM-Kongressen und dem Kongress der Union des Architectes (UIA) in Moskau 1958. Als Präsidentin des Bundes Demokratischer Frauen Österreichs (BDFÖ) engagierte sie sich auch in der internationalen Frauen- und Friedenspolitik.

IM

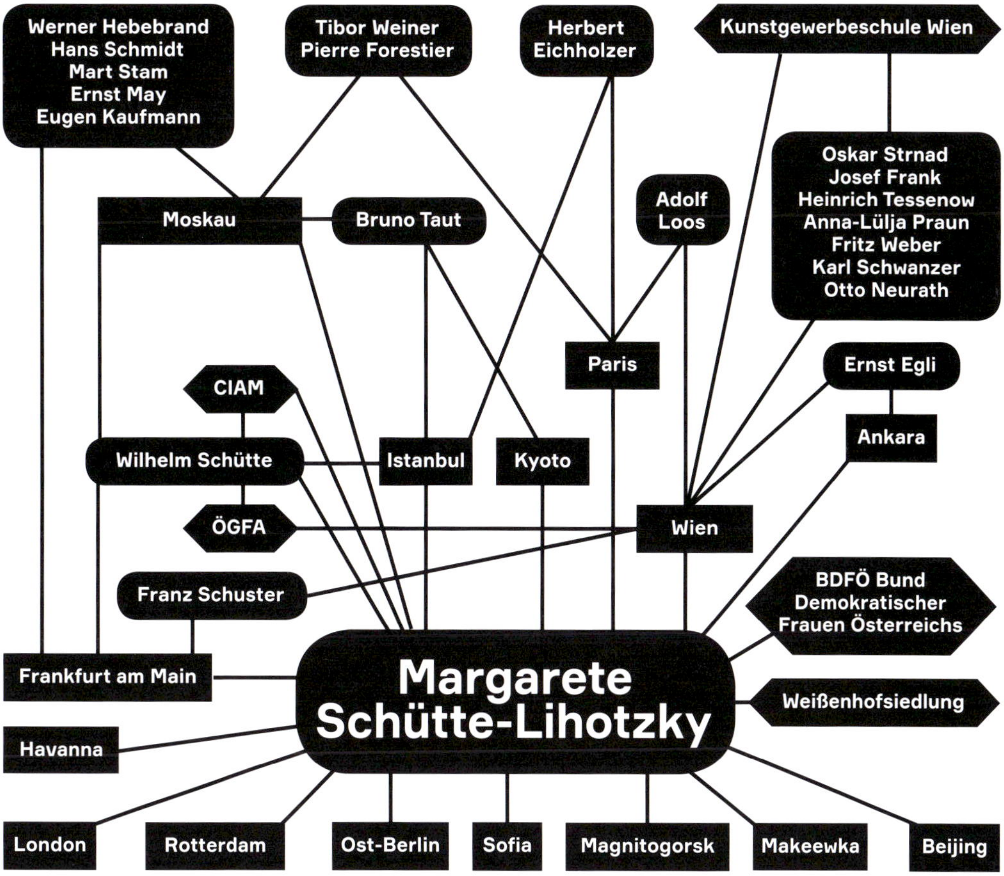

← Die 101-jährige Margarete Schütte-Lihotzky Ende 1998 in der Herbert-Eichholzer-Ausstellung im Wittgenstein-Haus in Wien. [ÖGFA-Archiv]

INDIVIDUEN

Karel Teige

1900 Prag–1951 Prag

"Mein lieber Teige,
ich habe mich entschlossen, auf Ihre lange architektonische Abhandlung zu antworten, die aus Anlass der Publikation meiner Mundaneum-Pläne 1929 in *Stavba* erschienen ist. Es ist das erste Mal, dass ich auf Kritik reagiert habe; Gott weiß jedoch, dass ich täglich ihre Zielscheibe bin! ..."
[*Zur Verteidigung der Architektur*, Le Corbusier auf der Fahrt im Expresszug nach Moskau]

Karel Teige war als Grafiker, Fotograf, Typograph, Journalist, Theoretiker und Architekturkritiker eine der wichtigsten Figuren der tschechischen Avantgarde.

KG

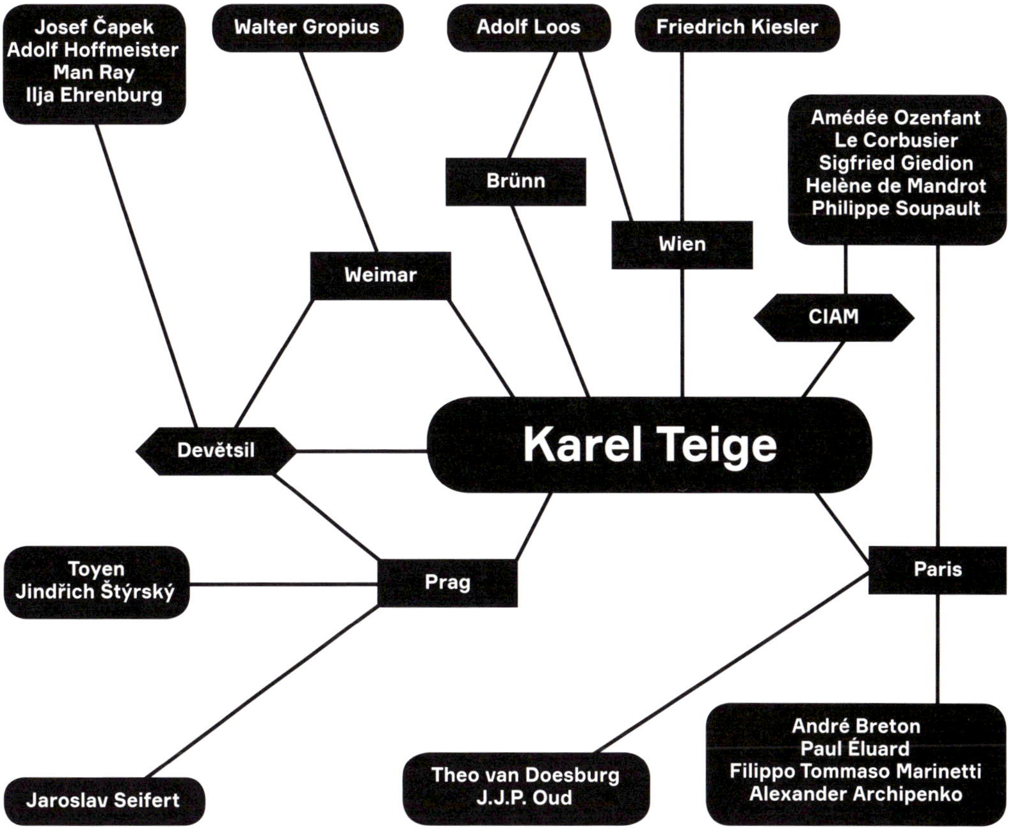

← **von links: Paul Eluard, Vitězslav Nezval, André Breton und Karel Teige in Prag, 1935.** [mit freundlicher Genehmigung der Association Atelier André Breton]

INDIVIDUEN

Tibor Weiner

1906 Budapest–1965 Budapest

Nach seinem Studium am Bauhaus zog Tibor Weiner mit der Hannes-Meyer-Gruppe 1931 nach Moskau, wo er an städtebaulichen Projekten arbeitete. Neben der Metro-Station Aeroport entwarf er u.a. öffentliche Bauten für Taschkent und Baku. Während der stalinistischen Säuberungen floh er 1937 nach Paris und 1939 beim Näherrücken des Nationalsozialismus weiter nach Chile, wo er Gründungsmitglied der Architekturfakultät von Santiago de Chile war. 1948 ging er zurück nach Ungarn und wurde Chefplaner von Sztálinváros (Stalinstadt, heute Dunaújváros), der ersten geplanten Industriestadt an der Donau.

SSze

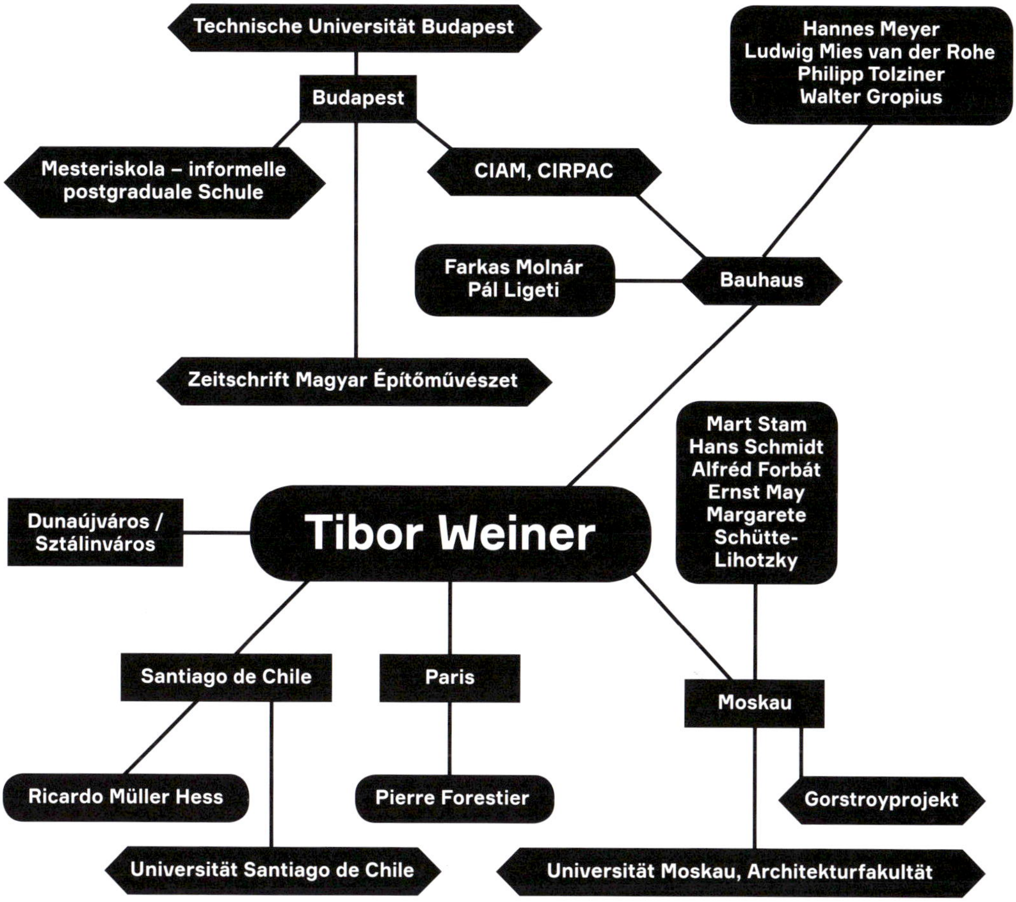

← **Die Hannes-Meyer-Gruppe in Moskau, Mitte 1930er Jahre.** Von links: Natja Catalan, Tibor Weiner, Philipp Tolziner, Konrad Püschel, Margarete Mengel, Lilya Polgar, Anton Urban. [Klaus-Jürgen Winkler, Der Architekt Hannes Meyer: Anschauungen und Werk, Berlin 1989]

INDIVIDUEN

Juliusz Żórawski

1898 Krakau–1967 Krakau

Żórawski gehört zu den angesehensten Architekten der polnischen Moderne. Während des Zweiten Weltkrieges entwickelte er eine Theorie der architektonischen Gestaltung, die später unter dem Titel *O budowie formy architektonicznej* (Über den Bau der architektonischen Form) veröffentlicht wurde. Das Buch, das bislang nicht ins Englische übersetzt wurde, antizipierte die Anwendung der Gestalttheorie in der Architektur zeitgleich zur Arbeit von Rudolf Arnheim und den formalen Analysen von Christopher Alexander.

PB

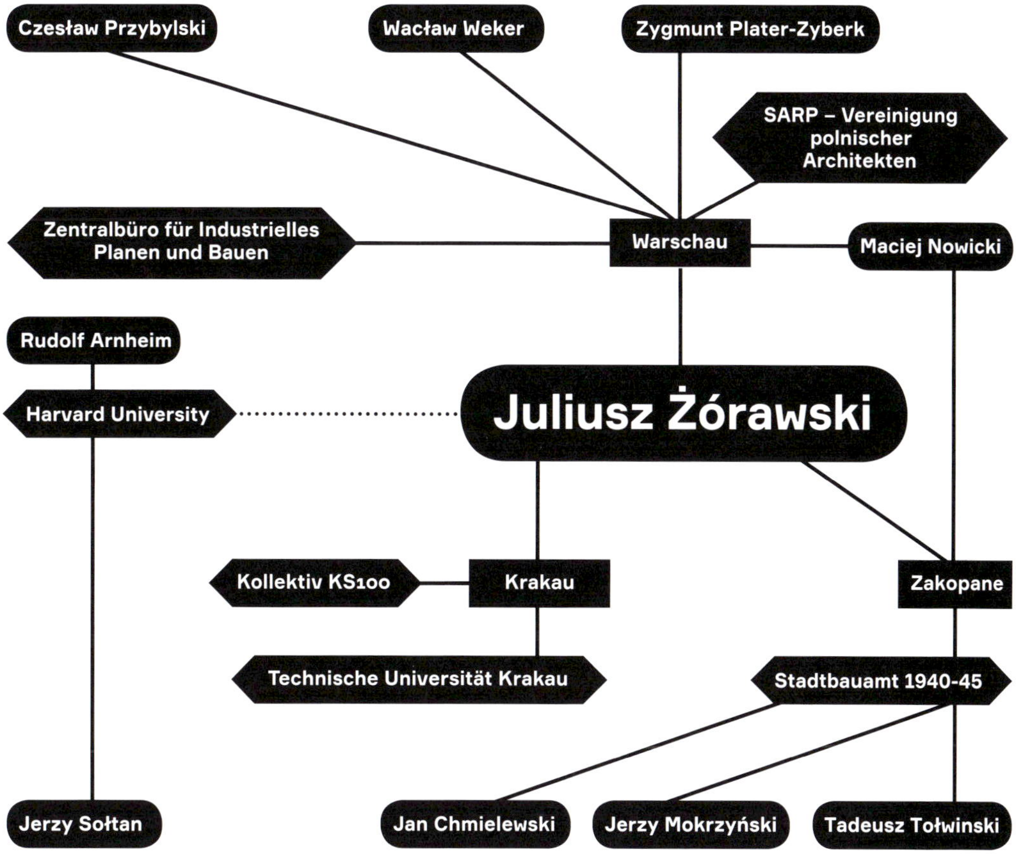

← **Architekten, Architektinnen und Planer besprechen den Regulierungsplan von Zakopane während des Krieges.** 4. von links: Juliusz Żórawski, 5.: Jan Chmielewski; von rechts: Henryk Jost, Julian Duchowicz, Henryk Szatkowski. [mit freundlicher Genehmigung des Muzeum Tatrzańskie in Zakopane]

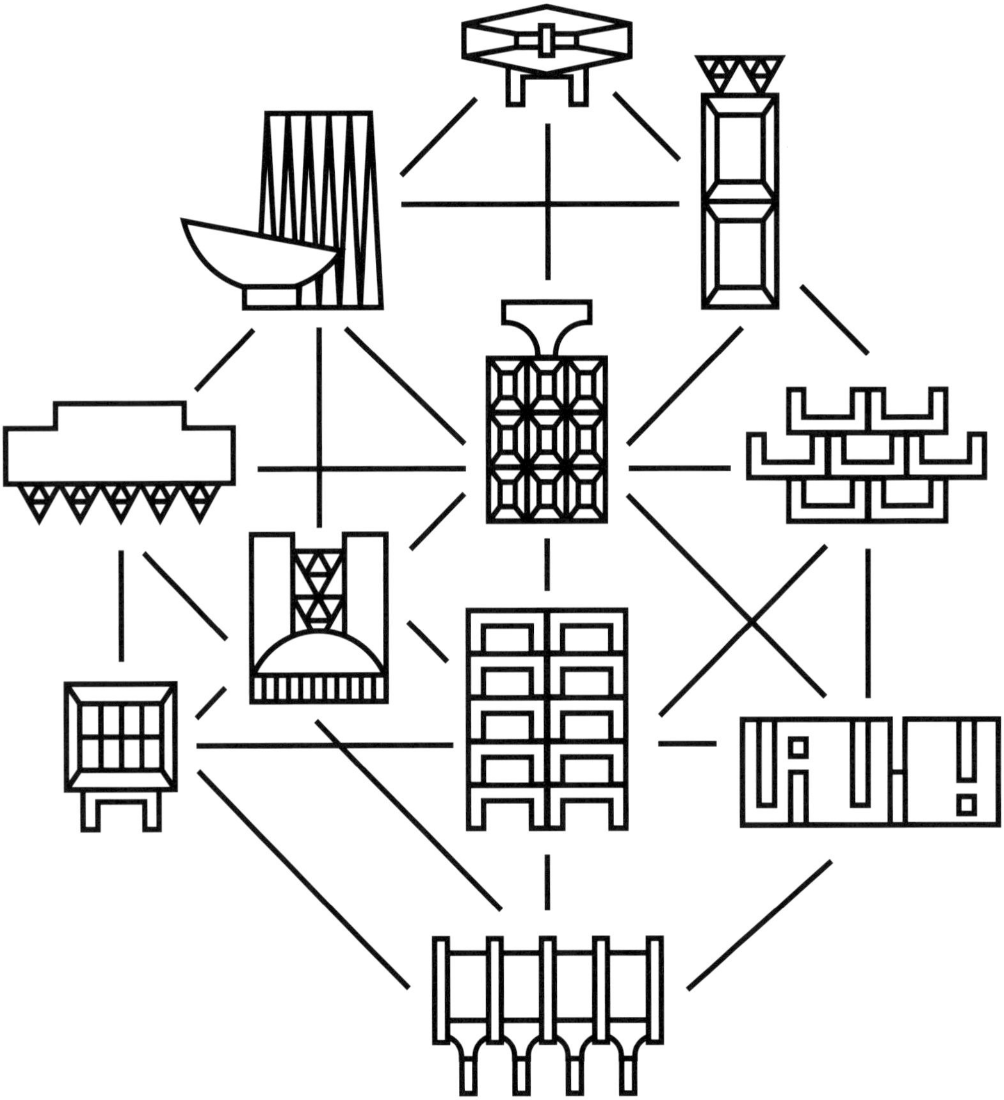

Bibliografie

arbeitsgruppe 4 – Wilhelm Holzbauer, Friedrich Kurrent, Johannes Spalt. 1950–1970, Red. Sonja Pisarik, Ute Waditschatka, Hg. Architekturzentrum Wien. Salzburg: müry salzmann, 2010

L'architecture moderne à l'Expo 58. Pour un monde plus humain, Hg. Rika Devos, Mil de Koning. Brüssel: Mercator, 2006

Carl Auböck Architekt 1924-1993 – Design for Modern Living, Hg. Marion Kuzmany. Salzburg: Pustet, 2009

Tibor Bartha, *Szia Madár: a Műegyetem építészmérnök hallgatóinak odisszeiája a második világháborúban (Hello Madár: The Odyssey of the Technical University's Architecture Students in World War Two),* Kopenhagen: Eigenverlag, 1997

Sarmen Beglarian, Maciej Janicki, Sylwia Szymaniak, Mariola Wojtkiewicz, *Krystian Burda – The Road to Żelazowa Wola – a Space-Time Study.* Warschau: The Fryderyk Chopin Institute, Polish Modern Art Foundation, 2014

Eve Blau, Monika Platzer (Hg.), *Mythos Großstadt. Architektur und Stadtbaukunst in Zentraleuropa 1890-1937.* München/London/New York: Prestel, 1999

Bruselský sen. Československá účast na světové výstavě Expo 58 v Bruselu a životní styl 1. poloviny 60. let, Hg. Vít Havránek, Daniela Kramerová, Vanda Skálová. Praha: Arbor Vitae, 2008

Piotr Bujas, Alicja Gzowska, Aleksandra Kędziorek, Łukasz Stanek, *Postmodernism is Almost All Right. Polish Architecture After Socialist Globalisation.* Warschau: Fundacja Nowej Kultury Bęc Zmiana, Muzeum Sztuki Nowoczesnej, 2012

City above the City – The Vision of Karel Prager, Hg. CCEA – Lenka Lednická, Yvette Vašourková. Prag: CCEA, 2011

Alan Dingsdale, *Mapping Modernities – Geographies of Central and Eastern Europe.* London: Routledge, 2002

Eric Dluhosch, Rostislav Švácha, *Karel Teige: 1900-1951: l'enfant terrible of the Czech modernist avant-garde.* Cambridge/Mass.: MIT Press, 1999

Nikola Dobrović, Hg. Miloš R. Perović, Spasoje Krunić. Belgrad: Arhitektonski fakultet u Beogradu, 1998

Matúš Dulla, Henrieta Moravčíková, *Architektúra Slovenska v 20. storočí.* Bratislava: Slovart, 2002

East European Modernism. Architecture in Czechoslovakia, Hungary and Poland Between the Wars, 1919-1939, Hg. Wojciech Leśnikowski. New York: Rizzoli, 1996

ETH Studio Basel, *Belgrade. Formal / Informal: A Research on Urban Transformation.* Zürich: Scheidegger und Spiess, 2012

Fény és forma – Light and Form. Modern Architecture and Photography 1927-1950. Budapest: Műczarnok – Kunsthalle, 2003

Ferkai András, Branczik Márta, Hajdú Virág, Molnos Attila, Oláh Éva, *Pest – építészete a két világháború között – the Architecture of Pest between the World Wars.* Budapest: Modern Építészettörténeti és Műemlékvédekmi Kht., 2001

Fertighaus-Mustersiedlung Wien Veitingergasse, herausgegeben in der Monographiereihe "Der Aufbau" vom Stadtbauamt Wien, 1954

Josef Frank, *Gesammelte Schriften in zwei Bänden,* Hg. Tano Bojankin, Christopher Long, Iris Meder. Wien: Metroverlag, 2013

Vera Grimmer, Adolph Stiller, Tadej Glažar, Andrija Rusan, Maroje Mrduljaš, *Continuity of Modernity: Fragments of Croatian Architecture from Modernism to 2010.* Zagreb: Arhitekst, 2010

Kamil Gross, "Úvaha k Petržalke zajtrajška", in: *Projekt,* Jg. 7, 1965, Nr. 4, S. 69–70

Kamil Gross, "K prestavbe Petržalky", in: *Projekt,* Jg. 7, 1965, Nr. 4, S. 71–73

Kamil Gross, *International urbanistic competition Bratislava–Petržalka.* Bratislava: Vydavateľstvo slovenského fondu výtvarných umení, 1969

Bibliografie

Oskar Hansen, *Towards Open Form / Ku Formie Otwartej*, Hg. Jola Gola, mit Interviews von Joanna Mytkowska und Hans Ulrich Obrist. Foksal Gallery Foundation / Warsaw Academy of Fine Arts Museum. Frankfurt: Revolver, 2005

Karel Hubáček, Hg. Česká komora architektů / Galerie Jaroslava Fragnera Prag, 2005

Katrin Klingan, Kerstin Gust (Hg.), *A Utopia of Modernity: Zlín*, Berlin: jovis, 2009

Liljana Kolešnik (Hg.), *Socialism and Modernity: Art, Culture and Politics 1950–1974*, Museum of Contemporary Art Zagreb, 2011

Vladimir Kulić, Maroje Mrduljaš, Wolfgang Thaler, *Modernism In-Between: The Mediatory Architectures of Socialist Yugoslavia*. Berlin: jovis, 2012

Kunst: Anspruch und Gegenstand. Von der Kunstgewerbeschule zur Hochschule für Angewandte Kunst. Wien/Salzburg: Residenz, 1991

Friedrich Kurrent, *Einige Häuser, Kirchen und dergleichen*. Salzburg: Pustet, 2001

Brigitte Le Normand, *Designing Tito's Capital: Urban Planning, Modernism, and Socialism in Belgrade*. University of Pittsburgh Press, 2014

Neil Leach, *Architecture and Revolution – Contemporary Perspectives on Central and Eastern Europe*. London: Routlegde, 1999

Mirsolav Masák, *Tak nějak to bylo*. Prag: KANT, 2006

Iris Meder (Hg.), *Josef Frank – eine Moderne der Unordnung*, Salzburg: Pustet, 2008

Iris Meder, "Lilly Steiner und der Loos-Kreis in Paris", in: *Moderne auf der Flucht / Les modernes s'enfuient. Österreichische KünstlerInnen in Frankreich 1938-1945 / Des artistes autrichiens en France 1938-1945*, Hg. Andrea Winklbauer, Jüdisches Museum Wien. Wien: Turia + Kant, 2008, S. 112-127

"Mestský sektor Petržalka", in: *Projekt*, Jg. 14, 1972, Nr. 6–7, S. 22–47

Modern and/or Totalitarian in the Architecture of the 20th Century in Slovakia, Hg. Henrieta Moravčíková. Bratislava: Slovart, 2013

Ákos Moravánszky, *Die Erneuerung der Baukunst. Wege zur Moderne in Mitteleuropa 1900-1940*. Salzburg/Wien: Residenz, 1988

Ákos Moravánszky, *Competing Visions – Aesthetic Invention and Social Imagination in Central European Architecture, 1867-1918*. Cambridge, Mass./London: MIT Press, 1998

Henrieta Moravčíková, "Monumentality in Slovak architecture of the 1960s and 1970s: authoritarian, national, great and abstract". in: *The Journal of Architecture*, Jg. 14, 2009, Nr. 1, S. 45–65

Henrieta Moravčíková, Maria Topolčanska, Peter Szalay, *Bratislava Atlas of Mass Housing*. Bratislava: Slovart, 2012

Maroje Mrduljaš, Vladimir Kulić (Hg.), *Unfinished Modernisations – Between Utopia and Pragmatism*. Zagreb: Croatian Architects' Association, 2012

Nagy Szilvia (Hg.), *Kollektív Ház Miskolc '79-'09*. Miskolc: BAZ Megyei Építész Kamara, Miskolci Galéria Városi Művészeti Múzeum, 2009

Naród, Styl, Modernizm. Hg. Jacek Purchla, Wolf Tegethoff. Krakau: International Cultural Centre, 2006

Juraj Neidhardt, Dušan Grabrijan, *Arhitektura Bosne i put u suvremeno – Achitecture of Bosnia and the Way to Modernity*. Ljubljana 1957, 2. Aufl. 1960

Maciej Nowicki. Architekt 1910-1950. Polen | USA | Indien (Architektur im Ringturm XXX), Hg. Adolph Stiller. Salzburg: müry salzmann, 2012

Mária Palasik, *A műegyetemisták odüsszeiája: 1944-1946 (The Odyssey of the Technical University's Students in 1944-1946)*, Budapest: Műegyetemi kiadó, 2006

Polónyi Károly, *An Architect-Planner on the Peripheries: Case Studies from the Less Developed World. The Retrospective Diary of Charles Polonyi*. Budapest: P&C, 1992

Bibliography

Roland Rainer, *Das Werk des Architekten 1927-2003*. Wien/New York: Springer, 2003

Burkhard Rukschcio, Roland Schachel, *Adolf Loos Leben und Werk*. Salzburg/Wien: Residenz, 1982

Ivan Rupnik, Eve Blau, Harvard Graduate School of Design (Hg.), *Project Zagreb: Transition as Condition, Strategy, Practice*, New York: Actar, 2007

Margarete Schütte-Lihotzky, Hg. Peter Noever, Museum für angewandte Kunst. Wien/Köln/Weimar: Böhlau, 1993, 2., verb. Aufl. 1996

Radomíra Sedláková, *Karel Prager – Lidé si na nové věci teprve musí zvyknout*. Prag: Titanic, 2013

Jerzy Sołtan, *Monografia / A Monograph*, Hg. Jola Gola. Warschau/Harvard University Graduate School of Design, 1995

Spätmoderne Slowakei – Gebaute Ideologie (Architektur im Ringturm XXXV), Hg. Adolph Stiller. Salzburg: müry salzmann, 2014

Johannes Spalt – Wahlverwandtschaften / Elective Affinities, Red. Monika Platzer, Hg. Architekturzentrum Wien. Salzburg: Residenz, 2010

Łukasz Stanek (Hg.), *Team 10 East. Revisionist Architecture in Real Existing Modernism*. Warschau: Museum of Modern Art, 2014

Rostislav Švácha (Hg.), *SIAL*. Prag: Arbor vitae, 2010

Bogna Świątkowska (Hg.), *Chwała Miasta – The Glory of the City* (Synchronicity 2012: The Glory of the City). Warschau: Fundacja Nowej Kultury Bęc Zmiana, 2012

Andrzej Szczerski, *Modernizacje 1918-1939. Czas przyszły dokonany*. Łódź: ms2 Art Museum, 2010

UmBau, Nr. 10, 1986: Dokumentation und Nachlese zum Josef-Frank-Symposion vom Dezember 1985, Hg. Österreichische Gesellschaft für Architektur. Wien: ÖGFA, 1986

Die Ungarn am Bauhaus. Von Kunst zu Leben, Red. Éva Bajkay, Hg. Júlia Fabényi. Landesmuseum des Komitats Baranya / Janus Pannonius Múzeum Pécs / Bauhaus Archiv Berlin, 2010

Ungarn – Bauten der Aufbruchszeit / Hungary – Architecture in the Era of Awakening 1945-60 (Architektur im Ringturm XXXVI). Hg. Adolph Stiller. Salzburg: müry salzmann, 2014

Jan Vaněk 1891-1962 – civilizované bydlení pro každého, Hg. Jindřich Chatrný. Brünn: Obecní dům Brno, 2008

Aleš Vodopivec, Rok Žnidaršič (Hg.), *Edvard Ravnikar: Architect and Teacher*. Wien/New York: Springer, 2009

Viera Vojtková, "Petržalka – druhý polčas", in: *Projekt*, Jg. 27, 1985, Nr. 4–5, S. 40–45

Martin Wagner, "Die Schule Oskar Strnad – Ein Entwurf zur Moderne am Stubenring 1909-1935", in: Iris Meder, Evi Fuks (Hg.), *Oskar Strnad 1879-1935*. Jüdisches Museum Wien / Salzburg: Pustet, 2007, S. 85-89

Weltausstellung Brüssel 1958. Österreich, Hg. Geschäftsstelle des Regierungskommissärs für die Weltausstellung Brüssel 1958. Wien, 1958

Werkbundsiedlung Wien 1932. Ein Manifest des Neuen Wohnens, Hg. Andreas Nierhaus, Eva Orosz, Wien Museum. Salzburg: müry salzmann, 2012

Klaus-Jürgen Winkler, *Der Architekt Hannes Meyer: Anschauungen und Werk*. Berlin: Verlag für Bauwesen, 1989

Michael Zinganel, Elke Beyer, Anke Hagemann (Hg.), *Holidays After the Fall: Seaside Architecture and Urbanism in Bulgaria and Croatia*. Berlin: jovis, 2013

Zlín – Modellstadt der Moderne, Hg. Winfried Nerdinger. Berlin: jovis, 2009

Index

Index

Index

Index

Index

Index

Kuratoren und Kuratorinnen

Sarmen BEGLARIAN, 1973 geboren in Armenien, lebt in Warschau. Studierte Psychologie in Warschau, Kuratorenlehrgang der Universität Krakau. Kurator u.a. von *Behind the Iron Curtain, Official and Independent Art in Soviet Union and Poland, 1945-1989* (mit Sylwia Szymaniak und Piotr Nowicki, Belgrad 2010, Gdańsk und Moskau 2012), 2. Biennale der Skulptur, Warschau / *Wola Art Festival* 2010 (mit Sylwia Szymaniak), *Piotr Wysocki. Close-up* (Warschau 2008), *Intimate Architecture, Abandoned Architecture* (Bytom 2006). Mitbegründer der Plattform *Wybieram.pl* zur Förderung aktiver Bürgerbeteiligung in Polen.

Piotr BUJAS, geboren 1976 in Krakau, studierte Architektur und Medienkunst in Krakau und Antwerpen. Architekturpraxis in den Niederlanden, Belgien und Polen. Seit 2012 Leiter des interdisziplinären Büros BADR für Architektur, Städtebau, visuelle Medien, Designforschung und diskursive Praxis. Publikationen und Projekte u.a. *South of East-West* und *Culburb. Cultural acupuncture for the suburbs*, www.culburb.eu, 2012. MOOCAO Grand Prix. Initiator von *Lifting the Curtain.* Co-Kurator von *Postmodernism is Almost All Right. Polish Architecture After Socialist Globalization* (Warschau 2011) und *PRL™* (Warschau 2010). Forschung über Exilarchitektur in Südamerika. Gründer des *TRACE* Think-tanks für mitteleuropäische Architektur.

Igor KOVAČEVIĆ, geboren 1973 in Brčko, Bosnien und Herzegovina, Architekt und Architekturtheoretiker. Nach dem Studium der Architektur und des Städtebaus an der Technischen Universität Prag arbeitet er derzeit an seiner Dissertation in Architekturtheorie zum Thema in Böhmen ausgebildeter jugoslawischer Architekten. Mitbegründer des Prager *Centre for Central European Architecture (CCEA).* Zahlreiche Ausstellungen. Mitwirkung an der gemeinsam mit Yvette Vašourková begründeten Architekturplattform MOBA (www.moba.name).

Iris MEDER, geboren 1965 in Pforzheim, Deutschland, lebt in Wien. Studium der Kunstgeschichte und Literaturwissenschaft. Schwerpunkte Architektur, Landschaftsarchitektur und Fotografie der mitteleuropäischen Moderne. Dissertation über den Kreis um Josef Frank und Adolf Loos. Internationale Vortragstätigkeit, zahlreiche wissenschaftliche Publikationen. Redakteurin der Zeitschrift *dérive* und der Architekturtheorie-Reihe *UmBau*, Mitglied der Forschungsnetzwerke *ViennAvant* und *Kunst und Befreiung*, Vorstandsmitglied der Österreichischen Gesellschaft für Architektur (www.oegfa.at). Kuratierung u.a. der Architekturtage Wien und von Ausstellungen für Wien Museum, Jüdisches Museum und Künstlerhaus Wien.

Maroje MRDULJAŠ, geboren 1971 in Rijeka, Architekt, Kritiker und Autor. Zahlreiche Publikationen, u.a. *Unfinished Modernisations – Between Utopia and Pragmatism* (mit Vladimir Kulić), *Modernism In-Between: The Mediatory Architectures of Socialist Yugoslavia* (mit Vladimir Kulić und Wolfgang Thaler), *Testing reality – Contemporary Croatian Architecture* (mit Vedran Mimica und Andrija Rusan), *Design and independent culture* (mit Dea Vidović). Herausgeber der Zeitschriften *Oris*, *Projekt* und *Plan.* 2009 mit Vladimir Kulić Gründung der Forschungsplattform *Unfinished modernisations.* Experte des *Mies van der Rohe Award,* Mitglied des Expertenkomitees des *European Prize for Urban Public Space.* Lehrt an der Architekturfakultät in Zagreb.

Samu SZEMEREY, geboren 1976, Architekt, Urbanist und Kurator. Studierte 1996-2004 an der Technischen und Wirtschaftswissenschaftlichen Universität Budapest sowie 2008-2010 am New Jersey Institute of Technology in Newark, New Jersey. Aktives Mitglied zahlreicher Organisationen, Dozent und Berater. Koordinator des ungarischen Pavillons der 10. Architekturbiennale in Venedig (2006). 2008-2009 Fulbright Fellow. Forschungsschwerpunkte: Postsozialistische Stadtentwicklung, Siedlungen als kulturelle Konstrukte, landschaftliche Infrastrukturen, urbane Systeme, Designforschung.

Autoren und Autorinnen

AGe Adam Gebrian
AGz Alicja Gzowska
AK Aleksandra Kędziorek
DB Dafne Berc
DS Dubravka Sekulić
GR Grzegorz Rytel
IK Igor Kovačević
IM Iris Meder
IT Ines Tolić
IvK Indira van 't Klooster
JG Jelena Grbić
JJ Jelica Jovanović
KG Karin Grohmannová
MB Markéta Březovská
MI Maja Ivanič
MK Małgorzata Kuciewicz
MM Maroje Mrduljaš
MR Milan Rakita
MŽ Markéta Žáčková
PB Piotr Bujas
PS Peter Szalay
SB Sarmen Beglarian
SSze Samu Szemerey
SSzy Sylwia Szymaniak
VK Vladimir Kulić
YV Yvette Vašourková
ZP Zofia Płoska

Veranstalter

CCEA – Centre for Central European Architecture
Das Prager CCEA ist eine alternative Plattform für aktuelle Architektur- und Stadtentwicklungsforschung. Mit einem Programm aus Vorträgen, Diskussionen, Workshops, Ausstellungen und Forschungsprojekten bringt CCEA zeitgenössische Architektur neben einem Fachpublikum auch einer breiten Öffentlichkeit näher. Unabhängigkeit ist dabei ein zentraler Anspruch. Ziel ist weniger die Popularisierung von Architektur als vielmehr das Erkennen und Neudefinieren der architektonischen Identität der Umgebung, in der wir leben.

KÉK – Kortárs Építészeti Központ
Das Budapester Zentrum für zeitgenössische Architektur KÉK ist eine unabhängige Organisation für Architektur- und Städtebaukultur. Der vielfältige Tätigkeitsbereich umfasst Festivals, Ausstellungen, Tagungen, Vortragsreihen, Diskussionen sowie Kinderprogramme, Workshops und Stadterkundungen, strategie-, entwicklungs- und forschungsbasierte Projekte und Interventionen im öffentlichen Raum. Ein großer Teil der Arbeit von KÉK basiert auf ehrenamtlich oder im Rahmen von Praktika tätigen Mitarbeitern und Mitarbeiterinnen.

ÖGFA – Österreichische Gesellschaft für Architektur
Die 1965 in Wien gegründete Österreichiche Gesellschaft für Architektur ist eine Plattform für die unabhängige, kritische Debatte zu Architektur und Stadtplanung in Theorie und Praxis. Sie steht programmatisch für fächerübergreifende Diskussionen und Austausch mit allen Interessierten, denen sie einen Rahmen für die transdisziplinäre Erörterung aller Aspekte der Baukultur von der Landschafts- und Stadtplanung bis zum Möbel, von der Materialforschung bis zur Wohnbaupolitik, von der Architekturfotografie bis zur Kulturwissenschaft bietet.

PMAF – Polish Modern Art Foundation
Die von Piotr Nowicki 1985 in Warschau gegründete Fundacja Polskiej Sztuki Nowoczesnej – Polish Modern Art Foundation – ist eine der ersten unabhängigen polnischen Non-Profit-Institutionen im Kulturbereich. Sie fördert talentierte Künstler und Künstlerinnen, deren Schaffen zur Weiterentwicklung der modernen Kunst und Architektur beiträgt. Die Polish Modern Art Foundation unterstützt Forschung in Kunst, Literatur und Architektur in Ausstellungen und Publikationen.

Platforma 9,81
Platforma 9,81 ist ein Kollektiv kroatischer Architekten und Architektinnen mit den Standorten Split und Zagreb, die sich für ein kritisches, unabhängiges Neudenken und Diskutieren von Stadtplanung und öffentlichem Raum einsetzen. Ihre architektonische Praxis ist verwoben mit aktivem Engagement in der interdisziplinären Diskussion und Forschung zum ökonomischen und kulturellen Wandel und seinen architektonischen Auswirkungen sowie dem labilen Gleichgewicht zwischen der Umwelt und ihren Bewohnern und privatem und öffentlichem Raum in den Küstengebieten.

TRACE – Central European Architectural Research Think-tank
TRACE ist ein Think-tank für Architektur, Forschung und Wissenschaft, der die kulturellen Verbindungen und Beziehungen zwischen den architektonischen Produktionszentren in Mitteleuropa wieder belebt. TRACE verfolgt sein Ziel im interdisziplinären Bereich auf der Suche nach neuen operativen Handlungsfeldern zwischen Architektur, Landschaftsplanung, Stadtplanung und Designforschung. Im Projekt *Lifting the Curtain* ist TRACE mit Piotr Bujas, Monika Konrad und Małgorzata Kuciewicz verantwortlich für die Aufarbeitung der Inhalte, die Koordination der Forschung und die kuratorischen Richtlinien.

Herausgeberinnen

Azra CHARBONNIER, geboren 1969 in Istanbul, Kunsthistorikerin und Kulturmanagerin. Studium der Kunstgeschichte und Germanistik in München und Berlin. Postgraduate Studium Kulturmanagement. Schwerpunkte Architektur des 19. und 20. Jahrhunderts, zeitgenössische Kunst. Dissertation über Carl Heinrich Eduard Knoblauch. Langjährige wissenschaftliche Mitarbeiterin im Architekturbüro/ Abteilung Denkmalpflege (Berlin). Vorträge, wissenschaftliche Publikationen, Beratung.

Suzanne KŘÍŽENECKÝ, geboren 1978 in Wien, Studium der Kunstgeschichte in Wien und Prag, absolvierte das paneuropäische *European Diploma in Cultural Project Management.* Als Kunsthistorikerin und Kulturmanagerin in Wien, Rom und Zürich tätig. Forschungs- und Lehrtätigkeit mit Schwerpunkt auf Geschichte der Landschaftsarchitektur und Gartenkunst (ETH Zürich, BOKU Wien). Konzeption und Produktion von zeitgenössischen Kunst- und Kulturprojekten in Zusammenarbeit mit Kunstschaffenden.

Iris MEDER siehe Kuratoren

Gabriele RUFF, geboren 1963 in Graz, Studium der Kunstgeschichte in Wien. Seit 2009 Mitarbeiterin am tfm | Institut für Theater-, Film- und Medienwissenschaft, Universität Wien. Kuratorin von Ausstellungen im Kunst-, Architektur- und Designbereich sowie der Wiener Architekturtage 2014. Autorin zu Architektur- und Kunstthemen. Redaktionsmitglied der Zeitschrift *UmBau.* Vorstandsmitglied der Österreichischen Gesellschaft für Architektur (www.oegfa.at).

Impressum

AUSSTELLUNG

Lifting the Curtain. Central European Architectural Networks wurde initiiert von TRACE – Central European Architectural Research Think-tank, www.t-r-a-c-e.net

Ausstellungsproduktion und Organisation:
Polish Modern Art Foundation, Krakowskie Przedmieście 16/18, 00-325 Warschau

Veranstalter:
PMAF – Polish Modern Art Foundation, Warschau
TRACE – Central European Architectural Research Think-tank
CCEA – Centre for Central European Architecture, Prag
KÉK – Hungarian Contemporary Architecture Centre, Budapest
ÖGFA – Österreichische Gesellschaft für Architektur, Wien
Platforma 9,81 – Institute for Research in Architecture, Zagreb/Split

Kooperationspartner:
Ministerium für Kultur und Nationalerbe der Republik Polen
Kultusministerium der Republik Kroatien
IAM – Adam Mickiewicz Institut, Warschau
Szépművészeti Múzeum, Budapest
Zaklada hrvatska kuća
Foundation Kultura nova, Zagreb
White&Case

Kuratierung:
Sarmen Beglarian (Polish Modern Art Foundation), Piotr Bujas (TRACE), Igor Kovačević (CCEA), Iris Meder (ÖGFA), Maroje Mrduljaš (Platforma 9,81), Samu Szemerey (KEK)

Ausstellungsarchitektur:
Simone De Iacobis, Monika Konrad, Małgorzata Kuciewicz

Ausstellungsgrafik:
Jakub Jezierski

Wissenschaftliche Forschung:
Sarmen Beglarian, Dafne Berc, Markéta Březovská, Piotr Bujas, Adam Gebrian, Jelena Grbić, Karin Grohmannová, Alicja Gzowska, Daniella Huszár, Maja Ivanič, Jelica Jovanović, Aleksandra Kędziorek, Monika Konrad, Igor Kovačević, Małgorzata Kuciewicz, Vladimir Kulić, Iris Meder, Maroje Mrduljaš, Szilvia Nagy, Zofia Płoska, Milan Rakita, Grzegorz Rytel, Gabriele Ruff, Dubravka Sekulić, Peter Szalay, Samu Szemerey, Sylwia Szymaniak, Ines Tolić, Yvette Vašourková, Miranda Veljačić, Markéta Žáčková

Lektorat englisch:
Martin Tharp

Gesamtkoordination:
Piotr Nowicki

Koordination:
Gulia Gueci, Michael Koller, Zofia Borysiewicz, Katarzyna Sobczak, Christoph Thun

Koordination Wien:
ÖGFA / Iris Meder und Gabriele Ruff

Unterstützt von:

Imprint

KATALOG

Herausgegeben von:
Iris Meder, Azra Charbonnier, Suzanne Křiženecký, Gabriele Ruff

Mitherausgegeben von:
PMAF, TRACE, ÖGFA, CCEA, KÉK, Platforma 9,81

Autoren und Autorinnen:
Sarmen Beglarian, Dafne Berc, Marketa Březovská, Piotr Bujas, Adam Gebrian, Karin Grohmannová, Jelena Grbić, Alicja Gzowska, Maja Ivanič, Jelica Jovanović, Aleksandra Kędziorek, Igor Kovačević, Małgorzata Kuciewicz, Vladimir Kulić, Iris Meder, Maroje Mrduljaš, Zofia Płoska, Milan Rakita, Grzegorz Rytel, Dubravka Sekulić, Peter Szalay, Samu Szemerey, Sylwia Szymaniak, Ines Tolić, Indira van't Klooster, Yvette Vašourková, Marketa Žáčková

Redaktion und Produktion:
Azra Charbonnier, Suzanne Křiženecký, Iris Meder, Gabriele Ruff

Übersetzungen und Lektorat englisch:
Elise Feiersinger

Übersetzungen und Lektorat deutsch:
Iris Meder, Azra Charbonnier, Suzanne Křiženecký, Gabriele Ruff

Grafische Gestaltung:
Jakub Jezierski

Schrift:
Formular Pro

Coverfoto:
Jacek Damięcki, Makro-Installation *The Cloud*, Warschau, 1994, mit freundlicher Genehmigung von Jacek Damięcki

Druck:
Grasl FairPrint, 2540 Bad Vöslau, Österreich, Druckhausstraße 1

Papier:
Claro Bulk 135 g/m²

Verlag:

müry salzmann

Salzburg – Wien – Berlin
www.muerysalzmann.at

ISBN 978-3-99014-116-8

Bibliografische Information der Deutschen Nationalbibliothek:
Die Deutsche Nationalbibliothek verzeichnet die Publikation in der Deutschen Nationalbibliografie; detaillierte bibliografische Daten sind im Internet über http://dnb.ddb.de abrufbar.

Gefördert durch:
Bundeskanzleramt Österreich / Kunstsektion
Österreichisches Bundesministerium für Europa, Integration und Äußeres
Kulturabteilung der Stadt Wien, Wissenschafts- und Forschungsförderung

BUNDESKANZLERAMT ÖSTERREICH
KUNST

EUROPA
INTEGRATION
ÄUSSERES
BUNDESMINISTERIUM
REPUBLIK ÖSTERREICH

WIEN KULTUR

Unterstützt von:

FRANZ JOSEFS KAI 3